Black Elks Vermächtnis

Ein alter Pfad zu innerer Kraft
Auf den Fußspuren eines heiligen
Mannes der Lakota

von
Linda L. Stampoulos
Aus dem Amerikanischen von Rainer Höh

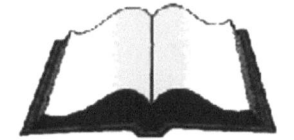

CCB Publishing
British Columbia, Kanada

Black Elks Vermächtnis: Ein alter Pfad zu innerer Kraft
Auf den Fußspuren eines heiligen Mannes der Lakota

Urheberrecht ©2010 von Linda L. Stampoulos
ISBN-13 978-1-926585-93-2
Zweite Ausgabe

Library and Archives Canada Cataloguing in Publication
Stampoulos, Linda L., 1946-
Black Elks Vermächtnis : ein alter Pfad zu innerer Kraft auf den Fußspuren eines heiligen Mannes der Lakota / von Linda L. Stampoulos ; aus dem Amerikanischen von Rainer Höh. -- 2. Ausg.
ISBN 978-1-926585-93-2
Also available in electronic format.
Translation of: The redemption of Black Elk.
1. Black Elk, 1863-1950. 2. Oglala Indians--Religion. 3. Spiritual life.
I. Title.
E98.R3S75 2010   299.7   C2010-904663-3

Informationen über weitere Bücher finden Sie auf
www.pompanobooks.com

Titelseite: Das Foto zeigt Hehaka Sapa, Black Elk, einen heiligen Mann der Oglala Sioux. Es wurde freundlicherweise zur Verfügung gestellt vom National Park Service, Little Bighorn Battlefield National Monument. Katalognummer 17198.

Alle Rechte vorbehalten. Der Nachdruck, die Speicherung und die Wiedergabe auf elektronischem, mechanischem oder anderem Wege (auch von Teilen dieses Buches) sind ohne vorherige schriftliche Genehmigung des Autors Unzulässig und strafbar. Gedruckt in den Vereinigten Staaten von Amerika und des Vereinigten Königreichs.

Herausgeber: CCB Publishing
               British Columbia, Kanada
               www.ccbpublishing.com

WIDMUNG

Um nach vorne zu blicken und zu erkennen, was wir werden können, müssen wir zunächst zurückschauen, um das Vermächtnis unserer Vergangenheit zu erkennen. Ich widme dieses Buch zwei Männern, die während der gleichen Winter gelebt haben – wenngleich mehrere tausend Meilen voneinander getrennt. Der erste ist mein Urgroßvater Otto Wolf, ein bescheidener Flickschuster, der in dem Dorf Gommla in Thüringen gelebt hat. Er hat sein Leben der Fürsorge und Pflege seiner sechzehn Kinder gewidmet, von denen das älteste meine Großmutter Ella war. Der zweite Mann ist Black Elk, ein heiliger Mann der Lakota, der in gleicher Bescheidenheit gelebt und sein Leben in den Dienst seiner Familie und seines Glaubens gestellt hat. Die Kraft und die Überzeugung dieser beiden Männer dienen mir als Marksteine des Mutes, die mir helfen, nach vorn zu blicken und zu sehen, was ich werden kann.

INHALT

Danksagungen vi
Black Elks Wehklage ix
Vorwort des Übersetzers xii
Einleitung xv
Finde deinen heiligen Ort 1
Ziehe deinen heiligen Ring 18
Benenne deine Helden und deine Dämonen 39
Finde deinen Mittelpunkt 57
Nähre den heiligen Baum 74
Gehe den roten Pfad 95
Epilog: Die große Vision 105

Danksagungen

Zunächst und vor allem möchte ich mich beim John G. Neihardt Trust dafür bedanken, dass mir Zugang zum Werk von Mr. Neihardt gewährt wurde, das für meine Recherchen von so überragender Bedeutung war. Weiterhin danke ich dem John G. Neihardt Trust für die freundliche Erlaubnis, Ausschnitte der ursprünglichen Mitschriften von Herrn Neihardts Interviews abzudrucken, die er 1931 mit Black Elk im Pine Ridge Reservat geführt hat, und auch die Sammlung von Steno-Notizen und Abschriften zu nutzen, die seine Töchter Enid und Hilda Neihardt angefertigt haben.

Mein ganz besonderer Dank gilt auch den Werken von Joseph Campbell, dessen lebenslanges Studium der Mythologie von unschätzbarem Wert für dieses Buch war. Als einer der weltweit führenden Experten auf dem Gebiet der Mythologie hat es sich Joseph Campbell zur Aufgabe gemacht, die mythische Bedeutung der Welt und ihre zeitlosen Gestalten in unser Alltagsbewusstsein zurückzubringen.

Meine aufrichtige Dankbarkeit gilt außerdem John C. Knozal, dem Fachmann für Manuskripte der Western Historical Manuscript Collection an der University of Missouri-Columbia in Columbia, Missouri, für die rasche Zusendung der für meine Recherchen erforderlichen Mikrofilme aus der John G. Neihardt Special Collection.

Weiterhin geht mein Dank an Coi Drummond-Gehrig, Fotoberaterin der Western History's Collection der Denver Public Library für ihre rasche und hervorragende Unterstützung.

Besonderer Dank auch an Kenneth Shields Jr., einen Dakota Sioux vom Bad Temper Bear Stamm, der derzeit im Fort Peck Reservat lebt. Er hat mehrere Jahre als Direktor der Tribal Archives gearbeitet und schreibt für die Stammeszeitung „Wotanin Wowapi". Kenny ist seit vielen Jahren ein guter Freund

und war mir nicht nur bei kulturellen Interpretationen behilflich, sondern hat mich immer wieder ermutigt, wenn ich es brauchte. Weiterhin gilt meine Dankbarkeit Donovin A. Sprague, einem namhaften Autor, Historiker und Nachkommen von Häuptling Hump und der Familie von Crazy Horse, für seine Hilfe bei Übersetzungen aus der Lakota Sprache. Donovin ist außerdem ein eingetragenes Mitglied der Cheyenne River Sioux, Bildungsdirektor am Crazy Horse Memorial und Lehrer am Oglala Lakota College der Black Hills State University sowie an der Indian University of North America des Crazy Horse Memorial.

Besonderer Dank auch an Jack Aquila und seine Mitarbeiter bei Inter-City Press für ihre Fantasie und Kreativität bei der Unterstützung bei der Bildauswahl für dieses Buch.

Weiterhin gilt mein Dank John Lamaestra und seinen Mitarbeitern bei Arch-Angel Productions für ihre fantastische Arbeit beim Erstellen und Betreuen unserer Website *www.pompanobooks.com*.

Ganz herzlich möchte ich mich auch bei meinem Ehemann Scott bedanken für seine Unterstützung als Lektor und bei der Textverarbeitung sowie bei meinem Sohn Evan und meiner Schwiegertochter Cathy für ihre technischen Beiträge zu diesem Werk.

Dank und Anerkennung auch für Cinnamon Bear Alwin, eine stets hilfsbereite Lenape Frau, die mir als erste Testleserin und in kulturellen Fragen unschätzbare Dienste geleistet hat.

Meine Anerkennung gilt weiterhin Bruce und Lucy Baker sowie Herbert und Sylvia Benz, die mir die Spur zu meinem deutschen Übersetzer Rainer Höh gewiesen haben, der das Verständnis und die Wertschätzung für dieses Werk teilt. Dank auch an Sylvia und Herbert für ihre Bereitschaft, die deutsche Übersetzung zu lektorieren.

Meiner Familie und meinen Freunden, die mich während der drei Jahre dauernden Arbeit an diesem Projekt mit Geduld und

Verständnis begleitet haben – ich danke euch allen.
Die historischen Texte und die Schilderung der großen Vision sind Auszüge aus "The 1931 Interviews by John G. Neihardt", wiedergegeben mit freundlicher Genehmigung des John G. Neihardt Trust und der Western Historical Manuscript Collection der University of Missouri-Columbia, Columbia, Missouri.

Alle Fotos wurden zur Verfügung gestellt mit freundlicher Genehmigung der Western History's Collection der Denver Public Library.

Black Elks Wehklage
(1931, im Alter von 67 Jahren)

Ich werde euch die Geschichte meines Lebens erzählen. Doch wenn es nur die Geschichte meines Lebens wäre, würde ich sie wohl nicht erzählen, denn was ist schon ein Mensch, dass er viel Aufhebens machen dürfte von seinen Wintern, selbst wenn sie ihn beugen wie ein schwerer Schnee?

Aber jetzt, da ich alles wie von einem einsamen Berggipfel aus überblicke, jetzt weiß ich, dass es die Geschichte einer mächtigen Vision war, die mir in meiner Jugend offenbart wurde, einem Mann, der zu schwach war, um sie zu nutzen. Es ist die Geschichte eines heiligen Baumes, der im Herzen eines Volkes hätte gedeihen sollen, voller Blüten und singender Vögel, und der nun verdorrt ist; und die Geschichte vom Traum eines Volkes, der im blutigen Schnee gestorben ist. Es war ein schöner Traum.

Doch wenn die Vision wahr und mächtig war – und ich weiß, dass sie es war –, dann ist sie auch heute noch wahr und mächtig. Denn solche Dinge kommen vom Geist, und nur weil ihr Blick trübe ist, gehen die Menschen fehl.

Jetzt stehe ich da als ein erbärmlicher alter Mann, der nichts vollbracht hat; denn der Ring[1] des Volkes ist zerbrochen und

---

[1] Der englische Begriff „hoop" könnte auch mit „Reif" oder „Reifen" übersetzt werden. Das Symbol des Rings bezieht sich hier in erster Linie auf die Einheit und Geschlossenheit des Volkes mit gemeinsamen Werten als Mittelpunkt. Verkörpert wird diese Geschlossenheit u.a. durch die häufig in Ringform angeordneten Tipis. Daneben gab es die Darstellung des Symbols als Sakralobjekt (u.a. für Tänze verwendet), für das im vorliegenden Buch die Bezeichnung „Reif verwendet wird.

verstreut. Es gibt keine Mitte mehr, und der heilige Baum ist tot. O Großer Geist, die große Vision, die du mir gesandt hast, lebt in meinem Herzen fort. Es könnte sein, dass eine kleine Wurzel des heiligen Baumes noch am Leben ist. Nähre ihn denn, auf dass er Blätter und Blüten treibe und von singenden Vögeln erfüllt werde. Erhöre mich nicht um meiner selbst willen, sondern um meines Volkes willen; denn ich bin alt. Erhöre mich, auf dass sie den heiligen Ring wieder schließen, dass sie den guten, roten Pfad wieder finden und den schützenden Baum. O gib, dass mein Volk lebe!

Auszüge aus "Black Elk Speaks" von John G. Neihardt" mit freundlicher Genehmigung des John G. Neihardt Trust und der Western Historical Manuscript Collection, der University of Missouri-Columbia, Columbia, Missouri.

Dieses Foto von Black Elk wurde 1936 von Joseph G. Masters aufgenommen. Es wurde freundlicherweise zur Verfügung gestellt von der Western History Collection der Denver Public Library, Archivnummer (Call Number) X33351.

MITAKUYE OYASSIN
Vorwort des Übersetzers

„*Mitakuye Oyassin*" bedeutet in der Sprache der Sioux soviel wie „*Alles ist miteinander verbunden*" (wörtlich „Dank all meinen Verwandten"). Diese Quintessenz indianischer Weltanschauung ist ein Ausdruck der Achtung und Dankbarkeit gegenüber der Schöpfung, als deren Teil (nicht Krone) sich die Indianer empfinden. Sie sehen in allen Wesen ihre Verwandten – egal, ob diese dem Reich der Menschen, der Tiere, der Pflanzen oder der Mineralien angehören. Alles ist miteinander verbunden – alles ist ein großer Organismus. Was die Erde befällt, befällt auch die Söhne der Erde. Und was ein Teilchen berührt, das berührt alles.

Für die Mystiker des Westens war diese Erkenntnis ebenso selbstverständlich wie für die Indianer. Doch unser rationales, wissenschaftliches Denken hat die entgegengesetzte Richtung eingeschlagen: Es analysiert, seziert, isoliert. Und es war damit so erfolgreich, dass man lange nicht begriffen hat, welchen Verlust an Leben, Ganzheit und Harmonie dies auf der anderen Seite bedeutet.

Doch der Verlust wird immer schmerzhafter empfunden. Immer mehr Menschen suchen nach der verlorenen Lebenskraft und Lebensfreude. Das ist es, was die Indianer und ihre traditionelle Lebensweise für viele von uns so attraktiv und faszinierend macht.

Mit Freud und Jung hat auch die westliche Psychologie (und damit ein erster Zweig westlicher Wissenschaft) die Bedeutung dieser anderen, „dunklen", nicht-rationalen Seite erkannt – während die Wissenschaftler vor ihnen „nicht-rational" meist als gleichbedeutend mit „nicht-real" betrachtet haben. Doch seit Einstein, Planck und Heisenberg hat diese „andere Seite" sogar die härteste aller Wissenschaften erschüttert: die Physik. Die neuzeitliche Teilchenphysik hat uns zu Erkenntnissen gezwungen, die das bisherige wissenschaftliche Denken selbst in Frage stellen. Die Erklärung ihrer Experimente erfordert nicht nur neue Theorien, sondern ein ganz neues Denken. Ein Denken, das sich fundamental von allem unterscheidet, was bisher als „wissenschaftlich" galt. In der Quantenphysik existiert die klare Entweder-oder-Logik nicht mehr. Und was einem Partikel hier auf Erden widerfährt, kann im selben Moment ein anderes Teilchen beeinflussen, das sich Hunderte von Lichtjahren entfernt in einem anderen Sonnensystem befindet. Alles ist miteinander verbunden.

Wir verstehen nicht, wie dies möglich ist. Mit der bisherigen Denkweise wird dies auch nicht zu verstehen sein, weil es ihr widerspricht und sie widerlegt. Also gilt es, neue Wege zu finden. Aber werfen wir deshalb nicht gleich unser bisheriges Denken in Bausch und Bogen über Bord. Dieses Denken hat auch weiterhin seine Berechtigung. Wir müssen nur erkennen, was eigentlich immer klar war, aber von vielen noch immer nicht gesehen wird: nämlich, dass diese Art zu denken nicht absolut ist. In einem bestimmten Bezugsrahmen hat das klassisch-wissenschaftliche Denken fraglos Gültigkeit und Wert. Gehen wir aber über diesen Rahmen hinaus, so stehen wir mit dieser Art der Weltbetrachtung so hilflos da wie ein Schulanfänger vor der Relativitätstheorie.

Und genau hier können wir von den Indianern lernen. Wir können nicht zurückkehren in die „heile Welt" vor dem „Sündenfall" des rationalen Denkens – ebenso wenig wie die heutigen Indianer selbst. Aber wir können aus der Weltsicht der Indianer lernen – und vielleicht eine neue Synthese schaffen. Der Ring eines Volkes und seiner Denkweise ist einer von vielen Ringen – und die Ringe aller Nationen und Denkweisen können in einem großen Reigen zusammenwirkten.

Auch unser Ring ist zerbrochen und sucht nach Ergänzung. Auch unser Baum ist dürr und braucht das Wasser der Tiefe, um neu zu erblühen. Jahrhundertelang haben wir den Indianern unsere Lebensweise aufgezwungen. Nun ist es an der Zeit, dass wir von der ihren lernen – um den Ring zu schließen: unseren persönlichen Ring, den Ring unseres Volkes (welche Gemeinschaft man auch immer darunter verstehen mag) und den großen Ring der Ringe, die sich gegenseitig ergänzen.

Aber wir brauchen Wegweiser, Fährtenleser und Scouts, um den Pfad zu finden, denn wir verstehen die Bilder nicht mehr und können die Spuren nicht deuten. C. G. Jung und Joseph Campbell haben ihr Leben der Aufgabe gewidmet, die Spuren und Symbole zu entschlüsseln und in eine für uns verständliche Sprache zu übersetzen. Und Linda Stampoulos ist es mithilfe der „Wörterbücher" Jungs und Campbells gelungen, die überaus bizarr und kryptisch erscheinende Vision Black Elks in „unsere Sprache" zu übertragen und uns Heutigen verständlich zu machen. Sie hat es vermocht, die Symbole und Metaphern dieser Vision zu entschlüsseln und zu entfalten, so dass sie sich zu einem Ganzen zusammenfügen. Wie ein erfahrener Scout versteht sie es, die einzelnen Abdrücke der Spur zu lesen und zu einer Fährte zusammenzufügen: zu einem uralten und doch ewigneuen Pfad, der uns in die Tiefen des eigenen Selbst führt, zu innerer Kraft und Harmonie.

Aber es ist nicht nur ein individueller Pfad nach innen und zur Selbsterlösung, sondern zugleich ein Pfad nach außen, zum andern, zu unseren Mitmenschen und zu „allen unseren Verwandten". Denn jeder Einzelne ist bloß ein Teil des Organismus. Nur zusammen wird es uns gelingen, den Ring zu schließen. Nur gemeinsam können wir das lebendige Wasser aus der Tiefe fördern, das den Baum neu erblühen lässt. Alles ist miteinander verbunden – *„Mitakuye Oyassin"*.

EINLEITUNG

Die meisten Schriften zum Thema Selbsterkenntnis und Lebenshilfe liefern Instrumente und Übungen, mit denen der Einzelne den Problemen unserer Zeit begegnen kann. Das vorliegende Buch trägt den Leser zurück in eine Zeit, zu der Amerika die wohl schwerwiegendste Umwälzung seiner eingeborenen Bevölkerung und ihrer Kultur erlebte. Es enthält historische Texte, die den Blick in die Vergangenheit öffnen; Augenzeugenberichte von richtungweisenden Ereignissen in der Geschichte des amerikanischen Westens. Doch es ist weit mehr als nur Geschichtsschreibung. Beim Studium der Berichte entdeckte die Autorin, eingewoben in die Bilder jener Zeit, einen alten Pfad. Was daraus auftauchte, war eine Reihe metaphorischer Fußabdrücke, hinterlassen von einem Mann namens Black Elk.

Als kleiner Junge hatte der Lakota-Sioux Black Elk vom Stamm der Oglala eine Vision empfangen, eine mächtige Vision, die ihn während seines ganzen Lebens leiten sollte, um seinem Volk Frieden und Gedeihen zu schenken. Er war im Dezember 1863 geboren worden, in dem Jahr, das bei den Indianern „der Winter, in dem die vier Crows getötet wurden" genannt wird. Weit im Osten war Amerika damals mit seinem Bürgerkrieg beschäftigt. Dem, was im Westen geschah, schenkte man nur sehr wenig Beachtung.

Während seiner frühen Jugendzeit konnten Black Elk und das Volk der Sioux ihr traditionelles Leben so führen wie seit Jahrhunderten. Als Junge lernte er zu fischen, zu jagen und mit dem Bogen umzugehen, ein Pferd zu reiten und an den für das Leben seines Volkes so bedeutenden Zeremonien teilzunehmen. Als einfacher Mann hat Black Elk nie Lesen und Schreiben gelernt und er sprach nur Lakota. Und doch sollte dieser eine einfache Mann in seinen jungen Jahren mehr kulturelle Umwälzungen erleben als die meisten von uns in einem ganzen Leben. Er war bei der Schlacht am Little Big Horn dabei und bei Fort Robinson, als sein Cousin, der große Führer Crazy Horse, getötet wurde. Mit Sitting Bull und mit Gall ging er ins Exil. Bei Wounded Knee erlebte er die Zeit der Ghost Dance Bewegung und das große Massaker. Er war Zeuge des unablässigen Strebens der Regierung, den Lakota ihre heiligen Black Hills wegzunehmen – und nicht nur das Land, sondern ihre ganze Art zu leben.

Mithilfe seiner mächtigen Vision gelang es Black Elk, Symbole und Metaphern auf einzigartige Weise zu entfalten, sodass sich ihre Lehren zu einem Ganzen zusammenfügten und schließlich einen alten Pfad zu innerer Kraft und Harmonie eröffneten.

Black Elks Symbole und Metaphern erscheinen in einem Kleid oder einer Verkleidung, die man oft zunächst lüften oder behutsam abschälen muss, um die darin enthaltene Botschaft zu erkennen. Nichts ist neu; alles sind grundlegende Wahrheiten aus uralter Zeit. Die Schwierigkeit liegt darin, ihren Sinn von einer Generation zur nächsten zu tragen, sodass sie auch uns, wenn wir sie betrachten, die Richtung weisen, einen Weg, den wir gehen können.

Black Elks Leben glich wahrhaftig einer Reise. Einer Reise, die vor über 125 Jahren begann und die etwas Heiliges an sich hatte, das man nie vergessen sollte, so wie auch er es nie aus dem Blick verlor. Als ein Greis von vielen Wintern öffnete er sein Herz zur Klage eines Mannes, der „nichts" vollbracht hat. Der einst schöne Traum ist im blutigen Schnee gestorben und ohne die Erfüllung der Vision wird sein Volk weiter mit „trübem Blick" in die Irre gehen.

Doch große Menschen sind nie so weit von der Hoffnung entfernt, wie sie glauben mögen. Und so fleht er aus der Tiefe seines gebrochenen Herzens erneut zu *Wakan Tanka*[2]. „Falls doch eine kleine Wurzel des heiligen Baumes noch am Leben sein sollte, nähre ihn denn, auf dass er Blätter und Blüten treibe und von singenden Vögeln erfüllt werde." Black Elk starb in der Überzeugung, dass der Traum verloren sei. Doch dem ist absolut nicht so. Für ihn war es unmöglich zu erkennen, dass er mit jedem Schritt seiner persönlichen Reise eine Spur hinterließ, eine Fährte, der wir heute folgen können. Schritt für Schritt wurde jedem von uns der Weg bereitet. Warum also sollte dieser Mann, der vor mehr als einem Jahrhundert gelebt hat, der Rehabilitation bedürfen? Die Antwort darauf ist so einfach wie das Leben, das er geführt hat: die Wiederentdeckung eines Traums. Black Elks Vision war eine prophetische Botschaft über die schreckliche Zukunft seines Volkes. Doch sie enthielt zugleich positive Aspekte, die es neu zu entdecken gilt. Denn durch diese Neuentdeckung werden die Zeichen, die er empfangen hat, wieder aktuell. Der alte Pfad kann dann aus dem blutigen Schnee wieder auferstehen, um uns heute den Weg zu weisen – über 125 Jahre später. Er hatte geglaubt, die Botschaft seiner Vision würde mit ihm untergehen. Aber sie kann zu neuem Leben erweckt werden – durch uns.

Unsere Lebensreise ist gewiss nicht einmalig. Die Geschichtsbücher erzählen uns von all jenen, die diesen Weg vor uns gegangen sind, jeder mit seinem eigenen Bündel von Problemen. Aber sie können uns auch zeigen, wie die Menschen im Laufe der Jahrhunderte Wege gefunden haben, mit ihren

---

[2] *Wakan Tanka* (oder *Uakan Tanka*, von "uakan" oder "wakan" = heilig, mächtig) ist der Große Geist der Indianer, der in seinem Aspekt als „Altvater" das Unbedingte, Unnennbare und Eigenschaftslose verkörpert (ähnlich dem Brahma-Nirguna im Hinduismus), in seinem Aspekt als „Vater" den Schöpfer, Bewahrer und Zerstörer (ähnlich dem Brahma-Saguna im Hinduismus)

Problemen fertig zu werden. Und dieses Wissen ist ebenso wichtig oder noch wichtiger als der Geschichtsunterricht selbst.

Warum also sollte man dann nicht die Lebensreise eines anderen Menschen studieren, um jenen uralten Pfad zu entdecken, den er gegangen ist? Eines Mannes wie Black Elk zum Beispiel, der ungeheure Härten erlitten hat: eisige Winter, Hunger, Kämpfe mit Nachbarstämmen und das Vordringen der weißen Soldaten, die entschlossen waren, seine gesamte Lebensweise auszulöschen. Dennoch fand er einen Weg, diese Härten zu überwinden, und dadurch hat er uns über ein ganzes Jahrhundert hinweg den Pfad gewiesen. Uns beschäftigen vollkommen andere Probleme als ihn. Meist geht es dabei um zwischenmenschliche Beziehungen, Geldsorgen, Arbeitsplatz und Gesundheit. Und in unserer hoch technisierten Welt verlieren wir immer mehr die Fähigkeit, einen Weg zu erkennen und ein ausgewogenes Leben zu führen.

Die Inhalte seiner Vision stellten Black Elk auf die Probe, indem sie ihm nur das Rohmaterial lieferten. Sie waren für ihn wie ein Zauberwürfel: ganz gleich, wie er die Bilder drehen und wenden mochte, die Farben passten nie zusammen. Der Zauberwürfel ist ein faszinierendes und fesselndes Objekt, dessen Problemstellung ganz einfach erscheint: Drehe die verschiedenen Ebenen des Würfels so lange, bis auf jeder seiner Seiten nur noch gleichfarbige Quadrate erscheinen. Die meisten geben rasch auf. Andere hingegen lassen nicht locker, den geheimnisvollen Dreh zu suchen, der zur Lösung führt.

Bei der Interpretation von Black Elks Worten stützt sich die Autorin auf die profunden Kenntnisse von Joseph Campbell, einem der weltweit führenden Experten auf dem Gebiet der Mythologie: jener Geschichten und Legenden, die sich die Menschen seit undenklichen Zeiten erzählen, um das Universum und ihren eigenen Platz darin zu erklären. Campbell hat es sich zur Aufgabe gemacht, diese mythische Bedeutung der Welt und ihre zeitlosen Gestalten in unser Alltagsbewusstsein zurückzubringen. Dabei bezieht er sich auf deutschsprachige Wissenschaftler und Philosophen wie Carl Gustav Jung, Heinrich Zimmer und Arthur Schopenhauer, die seine Interpretationen zeitlebens geprägt haben.

Joseph Campbell war mit der Geschichte von Black Elk eng vertraut und hat dessen tiefe Sicht der Dinge stets bewundert. Generationen nach Black Elk fand sich Joseph Campbell mit genau den gleichen Metaphern und Symbolen konfrontiert. Der „Würfel" war jetzt sozusagen in seinen Händen, und er gelangte zu verblüffend ähnlichen Einsichten wie Black Elk, die uns den gleichen uralten Pfad weisen. Da er die Symbole und Bilder verstenhen lernte, konnte Campbell die metaphorischen Spuren lesen und uns eine dem 20. Jahrhundert angepasste Deutung liefern, von der man vor ihm nur hatte träumen können.

Black Elk hat dieses Vermächtnis nicht nur seinem eigenen Volk hinterlassen, sondern jedem, der dazu bereit ist, die Symbole und Bilder zu erfassen und dem uralten Pfad zu folgen. Mit seinem Traum, seiner großen Vision und seinem Leben hat er uns Anleitungen dafür gegeben, Frieden und Ganzheit in uns selbst zu finden – und in der Gesellschaft.

Jetzt liegt der "Würfel" in unseren Händen. Und da unser Leben meist alles andere als im Lot ist, wissen wir, ohne hinzuschauen, dass die Farben vollkommen „durcheinander" sein müssen. Dieses Buch zeigt die Spuren Black Elks in einem neuen Licht. Mit Hilfe von Joseph Campbells Erkenntnissen eröffnet es uns einen Weg, um unser Leben wieder ins Gleichgewicht zu bringen.

Um den Spuren Black Elks zu folgen, ist es wichtig, mehr über ihn und sein Leben zu wissen. Während der ganzen Reise werden Sie daher immer wieder auf historische Rückblicke stoßen. Sie enthalten Black Elks eigene Worte aus seinen Gesprächen mit John Neihardt 1931, die Einblick in Ereignisse seines Lebens bieten und Aufschlüsse über seine Gedanken dazu. Die darauf folgenden Erörterungen verknüpfen das jeweilige

Ereignis aus Black Elks Lebensreise mit der metaphorischen Spur, die es hinterlassen hat.

Beginnen wir mit dem ersten Schritt...

Die Reise beginnt ...

Oyanke

Wakan

Finde deinen heiligen Ort ...

Finde deinen heiligen Ort

Um erfüllt zu leben, muss man die geheimnisvollen Mächte schätzen lernen, die nicht nur rings um uns, sondern auch mitten in uns sind. Ob man diese Mächte nun Geist, Energie, Kraft, Bewusstsein oder Chi nennen mag, die Idee, die dahinter steht, ist immer dieselbe: Diese „Lebenskraft" wirkt in jedem Geschöpf, gleich ob Pflanze oder Tier. Ein Schlüssel zu einem erfüllten und ausgewogenen Leben liegt in der Fähigkeit, mit dieser Kraft richtig umzugehen und sie zu maximieren. Dazu muss man nicht unbedingt die wahre Natur dieser Lebenskraft erkennen. Tatsächlich tasten sich viele Menschen ihr Leben lang an diese Kraft heran, ohne je ihr volles Potenzial zu erfassen oder zu verstehen.

Um eine Verbindung zu dieser Kraft zu erlangen, scheint es von erstrangiger Bedeutung, dass man sich bewusst eine Umgebung wählt, die eine solche Erfahrung unterstützt. Joseph Campbell hielt es für unverzichtbar, dass man sich Zeit lässt und die Zeit nimmt, um vollkommen allein zu sein, weit entfernt von der Tretmühle der Alltagssorgen und an einem heiligen Ort. Solch ein *heiliger Ort* ist Joseph Campbell zufolge in unserer Zeit für jeden Menschen lebenswichtig. Er bezeichnet damit einen besonderen Ort, für manche auch eine bestimmte Tageszeit, um sich aus der Alltagswelt zurückzuziehen. Einen Ort, an dem man nicht daran denkt, was in der Zeitung steht, an dem man seine finanziellen Sorgen vergisst und alle Gedanken ausblendet, die den inneren Frieden stören. Für ihn ist dies ein Ort der kreativen Entfaltung, an dem man das, was man ist oder sein könnte, fühlen und verwirklichen kann.

Man kann dazu einfach seine Lieblingsmusik hören, ein Buch lesen, das man schon immer lesen wollte, oder schlicht die Augen schließen, um die Störungen der Welt auszublenden. Zunächst wird gar nichts passieren, doch wenn man solch einen heiligen Ort hat und ihn zu nutzen lernt, so versichert uns Campbell, dann wird etwas geschehen. Dann wird man nach und nach offen dafür, in allem das Göttliche zu erkennen.

Der erste Schritt unserer Reise zur Entdeckung der inneren Welt besteht daher darin, eine Umgebung zu finden, einen tatsächlichen Ort, von dem aus wir aufbrechen können. Wenn wir den Spuren von Black Elk folgen, so werden wir sehen, dass er oft alleine auf die Plains[3] hinausgewandert ist, um nachzudenken und mit sich selbst eins zu sein. Seine Welt war frei und harmonisch. Ablenkungen gab es kaum oder gar nicht. Welch ein Unterschied zu unserer heutigen Welt!

Den Wecker stellen, zur Arbeit gehen, die Einkäufe erledigen, das Konto ausgleichen – die Anforderungen, die das Leben an uns stellt, nehmen kein Ende. Es gibt *immer* etwas zu erledigen. Oft sind wir von unseren Alltagsaufgaben so sehr in Anspruch genommen, dass wir kaum noch wissen, wo wir stehen. So beherrschend können diese Anforderungen sein, dass fast alle unsere Aktivitäten wirtschaftlich oder gesellschaftlich bestimmt und daher sehr anstrengend sind. Sie kommen nicht aus unserem Leben, sondern dringen von außen darin ein.

Wie man seinen heiligen Ort wählt, ist individuell sehr verschieden. Meist ist ein Ort draußen in der Natur am besten geeignet. Die Natur bietet uns unterschwellige, urzeitliche Reize,

---

[3] Als *Plains* bezeichnet man die von Trockensteppen bedeckten Hochebenen östlich der Rocky Mountains, die Weidegründe riesiger Bisonherden und das Jagdgebiet der Sioux und anderer Indianer. Sie konnten erst nach Einführung des Pferdes (Anfang bis Mitte des 18. Jh.) erschlossen werden. Östlich daran schließen die tiefer gelegenen *Prärien* mit fruchtbaen Böden und hohem Gras an. Beide Landschaften werden auch als „*Great Plains*" zusammengefasst.

die längst vergessene Erinnerungen aktivieren. Diese Reize lösen eine nostalgische Stimmung aus, die vertraut und doch gleichzeitig fremd wirkt, und sie aktivieren tief eingeprägt Strukturen, die uns bedeutende Gedanken und Einsichten erschließen können.

Jeder beginnt seine Meditation in einer ganz bestimmten Geistesverfassung und auf einer Bewusstheitsebene, die schließlich zu ihrer eigenen „Energiequelle" führt. Joseph Campbell bezeichnete diese Quelle als ein Bewusstsein, das über die individuelle Bewusstheit hinausreicht und uns mit einem überpersönlichen Bewusstsein verbindet, das der ganzen Menschheit gemein ist. Diese Verbindung wird so stark und tief sein, wie der Einzelne es zulässt. Jeder hat die Fähigkeit, sich aus seiner Alltagswelt in diese andere Welt zu begeben, nach sein Körper und Geist sich sehnen. Niemand kann Ihnen sagen, wo diese Welt der Klarheit und Harmonie für Sie liegt; das muss jeder selbst erkennen. Aber wenn Sie auch nur die leiseste Ahnung davon haben, wo sie liegen könnte, dann „packen Sie zu", sagt Campbell, und Sie werden sich auf einem Pfad wieder finden, der schon immer auf Sie gewartet hat.

Meditation kann den gleichen Zweck erfüllen. Sie hebt das individuelle Bewusstsein auf ein höheres Niveau und gestattet es dem Einzelnen, auf die „Spiritualität des Körpers und seine Mitte zu lauschen". Dieses Lied des Lebens erklingt in jedem von uns. Doch „die Welt ist voller Menschen," fährt Campbell fort, „die nicht mehr auf sich selbst hören." Sie sind ganz durch die Anforderungen der Gesellschaft determiniert und führen ein Leben, das mit ihrer eigenen Mitte nichts mehr zu tun hat.

So beginnt die Reise auf dem uralten Pfad dadurch, dass man seinen heiligen Ort findet und das erste Signalfeuer entzündet. Im nachfolgenden Rückblick berichtet Black Elk über die Erfahrungen seiner frühen Jahre, die er an seinem „heiligen Ort" auf den Plains verbracht hat.

Was damals geschah ...

Die Donnerwesen sprechen
Eine Botschaft von Feuer und Eis

Black Elk erinnert sich an seine frühen Knabenjahre. Er erzählt von seinen ersten Visionen, von Stimmen, die ihn riefen, und von seiner großen Vision im Alter von neun Jahren.

Mein Name ist Black Elk, ich bin 67 Jahre alt. Ich wurde 1863 am Little Powder River geboren, im „Winter als die vier Crows am Tongue River getötet wurden". Vorab muss ich sagen, dass ich der Vierte bin, der den Namen Black Elk trägt. Mein Vater war ein Medizinmann und Bruder von mehreren anderen Medizinmännern. Er war ein Cousin des Vaters von Crazy Horse.

Als ich vier Jahre alt war, hörte ich beim Spielen gelegentlich eine Stimme, die sang, aber damals habe ich das noch nicht recht verstanden. Als ich zum ersten Mal auf einem Pferd ritt, war ich fünf Jahre alt, und mein Vater machte mir damals einen Bogen und Pfeile. Das war im Frühjahr. Ich ging hinaus in die Wälder, um einen Vogel zu jagen, und gerade als ich in den Wald hinein ging, zog ein Gewitter herauf und ich hörte eine Stimme. Das war kein Traum; es geschah wirklich. Ich sah zwei Männer mit Speeren aus den Wolken auftauchen. Als ich aufblickte, sah ich da einen Kingbird (Königstyrann, Vogelart; d.Ü.) sitzen. Die Männer kamen auf mich zu und sangen das heilige Lied, und der Vogel ermahnte mich, auf die beiden zu hören. Der Kingbird sagte: „Schau, die Wolken ringsum sind alle einseitig. Eine Stimme ruft dich". Ich blickte empor und die beiden Männer kamen herab und sangen:

Siehe, eine heilige Stimme ruft dich.
Durch den ganzen Himmel ruft dich eine heilige Stimme.

Ich stand da und starrte die Männer an, die aus dem Norden kamen. Dann wendeten sie sich gen Westen und verwandelten sich in Gänse. Diese Vision hat etwa zwanzig Minuten gedauert.

Als ich sechs Jahre alt war, schien mir manchmal, als riefe etwas meinen Namen, aber dann habe ich diese Stimmen zeitweise wieder ganz vergessen.

Meine große Vision empfing ich 1873 im Alter von fast zehn Jahren. Als ich damals nahe dem Crow-Camp am Little Bighorn dahinritt, hörte ich wieder eine Stimme, die mich rief. Wir hatten das Nachtlager kurz vor dem Greasy Grass (Little Bighorn River) aufgeschlagen und ein Mann namens Man Hip lud mich zum Abendessen ein. Während wir aßen, hörte ich eine Stimme. Sie sprach: „Es ist Zeit. Jetzt rufen sie dich." Da wusste ich, dass die Geister mich riefen, und ich war bereit, zu gehen, wohin sie wünschten. Als ich aus dem Zelt trat, schmerzten mich beide Oberschenkel.

Am nächsten Tag wurde das Lager abgebrochen und ich ritt zusammen mit einigen anderen. An einem Bach hielten wir an, um zu trinken. Als ich vom Pferd stieg, gaben meine Beine nach und ich konnte nicht mehr gehen. Die anderen Jungen halfen mir auf, und als wir das nächste Camp errichteten, war ich sehr krank. Am folgenden Tag zogen meine Leute weiter und brachten mich zum Versammlungslager der Sioux, wo ich noch immer sehr krank ankam. Beide Beine und Arme und sogar mein Gesicht waren dick angeschwollen. Das alles hatte ganz plötzlich angefangen.

Während ich im Tipi lag, sah ich durch die Zeltwand die beiden Männer, die ich schon früher gesehen hatte, aus den Wolken kommen. Ich erkannte, dass es dieselben waren wie in meiner ersten Vision. Ein Stück von mir entfernt blieben sie stehen und sprachen: „Beeile dich, dein Großvater ruft nach dir." Als sie wieder weggingen, stand ich auf, um ihnen zu folgen. Wie ich aus dem Tipi trat, sah ich die beiden Männer wieder in den Wolken verschwinden, und zugleich kam eine kleine Wolke zu mir herunter und hielt vor mir an. Ich stieg auf diese Wolke und sie trug mich empor, den beiden Männern hinterher. Als ich zurückschaute, sah ich, wie mein Vater und meine Mutter mich anblickten, und es tat mir leid, sie zu verlassen.

Linda L. Stampoulos

Black Elk empfängt seine große Vision
(Text in voller Länge am Schluss dieses Buches)

Das Nächste, was ich hörte, war, wie jemand sagte: „Dem Jungen geht es jetzt besser. Man sollte ihm etwas Wasser geben." Ich blickte auf und sah, dass meine Mutter und mein Vater sich über mich beugten. Sie gaben mir eine Medizin. Aber nicht die Medizin hat mich geheilt, sondern meine Vision. Mein erster Gedanke war, dass ich eine Reise gemacht hatte, und meine Eltern offenbar gar nicht wussten, dass ich weg gewesen war. Sie sahen unglücklich aus, und das tat mir sehr leid.

Ich glaube, dass meine Mutter und mein Vater das alles einfach für eine Krankheit hielten, und als ich wieder zu mir kam, entdeckte ich, dass mein ganzer Körper tatsächlich geschwollen und aufgedunsen war. Wie ich darüber nachdachte, erkannte ich, dass ich offenbar an einem anderen Ort gewesen war. Der Onkel von Standing Bear war ein Medizinmann namens Whirlwind Chaser und er hat mich damals behandelt. Kaum war ich wieder bei Bewusstsein, da fühlte ich mich schon besser und wollte sofort hinausgehen und herumrennen, doch meine Eltern ließen das nicht zu. Am nächsten Morgen war ich wieder ganz gesund wie zuvor, doch die Vision beschäftigte mich natürlich weiter. Als das Lager abgebrochen wurde, machte ich mir Gedanken darüber und erkannte, dass es ein wundervoller Ort war, den ich besucht hatte. Ich dachte, dass die andern ihn auch kennen sollten und hatte den Wunsch, allen davon zu berichten. Zeitweise ließ ich mir alles immer wieder durch den Kopf gehen – doch manchmal wollte ich auch gar nicht mehr daran denken.

Der Medizinmann gewann großes Ansehen, weil er mich geheilt hatte.

Am folgenden Tag erreichten wir das Lager der Soldaten. Wir waren nur eine kleine Gruppe der Oglalas mit 20 Tipis, die zum Fort zog – der Großteil des Stammes blieb zurück. Als wir beim

Fort ankamen, besuchte jeder seine Verwandten. Ich hatte eine Tante dort und schlug mein Lager direkt neben ihrem Tipi auf. Einige der Oglalas lagerten am White Butte bei Fort Robinson. Wir blieben den ganzen Winter bei Fort Robinson. Ich war jetzt zehn Jahre alt. Wir verbrachten unsere Zeit damit, Indianerschlitten zu bauen und damit die Hänge hinunterzurodeln oder unsere Kreisel über das Eis zu treiben. Die Schlitten waren aus den Unterkiefern und Rippen von Büffeln gefertigt und mit Rohleder zusammengebunden.

Im Frühjahr brachen wir auf, um zum Tongue River zurückzukehren und lagerten bei Fort Keogh. Dort hielten wir einen Sonnentanz ab. Nach dem Sonnentanz kehrte die Erinnerung an meine Vision zurück. Ich hatte große Angst, und es schien, als hasse ich den Anblick einer Wolke. Ich konnte die Donnerwesen rufen hören, und ich verstand alles, was die Vögel sangen. Wenn eine Wolke zusammen mit den Vögeln auftauchte, dann schienen sie mir sagen zu wollen: „Denk an deine Großväter! Beeile dich!" Von da an fühlte ich mich unter Menschen nicht mehr wohl. Ich musste hinaus, um darüber nachzudenken. Die ganze Zeit wusste ich, dass ich etwas tun musste. Aber ich konnte nicht herausfinden, was es war, das ich tun sollte. Ständig fürchtete ich mich vor den Geistern. Und den ganzen Sommer hindurch machten Blitze und Gewitter mir jedes Mal Angst. Ich konnte nur nachdenken, grübeln und sinnieren. Vielleicht sah es so aus, als sei ich einfach zu zaghaft. Aber ich wollte nicht mit meinen Eltern darüber reden, denn ich fürchtete, sie würden doch nur denken, dass ich wieder ein bisschen verrückt geworden sei. So nahm ich mein Pferd, um alleine hinauszureiten und alles, was ich erblickte, mit den Dingen meiner Vision zu vergleichen. Ich war froh, als es Herbst wurde, weil dann die Donnerwesen nicht mehr kamen, vor denen ich so furchtbare Angst hatte.

Im Monat, in dem die Pferde das Sommerfell bekommen (Mai), brachen wir unser Lager wieder ab und zogen zu den Black

Hills, um dort Stangen für unsere Tipis zu schlagen. Unsere Gruppe umfasste nun etwa dreißig Tipis.

Einmal hörte ich den schrillen Ruf eines Adlers und fragte mich, ob es nicht der Adler aus meiner Vision sei, der über mich wachte. Ich dachte auch darüber nach, ob die Menschen um mich herum vielleicht das Volk aus meiner Vision sein könnten. Jedes Mal, wenn ich eine Wolke erblickte, war mir, als brächte sie einen Besucher und die Mahnung, dass es eines Tages meine Pflicht sein werde, etwas für mein Volk zu tun.

Am folgenden Morgen stiegen die Männer auf ihre Pferde und hielten die Äxte bereit, um Zeltstangen zu holen. Sie folgten dem Rapid Creek hinauf in die Berge und in die dichten Wälder. Dort begannen sie, die Stangen zu schlagen. Es gab eine Menge geeigneter, schlanker Bäume, denn damals kam sonst niemand dorthin, um sie zu schlagen. Die Männer brachten die Stangen zurück und begannen, sie zu schälen und zu behauen. Manche verstanden sich gut darauf, die Rinde abzuschälen, andere nicht, und so ging die Arbeit langsam voran. Einige Männer waren auf die Jagd gegangen, sodass wir viel Fleisch hatten – Bärenfleisch und anderes. Zusammen saßen wir im Lager und kochten Bärenfleisch. Am nächsten Tag waren wir mit den Stangen fertig und begannen ein Schwitzzelt für einen Medizinmann namens Chips zu errichten. Er war der Erste, der ein heiliges Amulett für Crazy Horse fertigte, das ihn im Kampf schützen sollte. Wahrscheinlich wurde Crazy Horse dadurch für Kugeln unverwundbar und erlangte so seine Macht, Kugeln zu widerstehen.

Als wir zurück bei den Leuten am Fort Robinson waren, berichteten wir ihnen, dass wir einige Weiße gesehen hatten, die zu den Black Hills zogen. Man erzählte sich, dass auch die Soldaten dort oben seien, um in den Bergen das weiße und das gelbe Metall zu holen. Alle waren der Meinung, man müsse etwas dagegen unternehmen, und man solle eine Versammlung abhalten, um darüber zu entscheiden. Sie nannten die Indianer beim Fort die „Am-Fort-Herumhänger" und glaubten, dass sie im Zweifelsfalle zu den Weißen halten würden. Crazy Horse hatte sein Lager im Westen aufgeschlagen und Sitting Bull im Norden, und alle Leute waren einig, dass sich beide zusammentun sollten, um etwas gegen die Goldgräber in den Black Hills zu unternehmen. Die Leute von Red Cloud[4] behaupteten, die Soldaten seien in die Berge gekommen, um die Goldgräber zu vertreiben, doch die Indianer aus dem Norden glaubten nicht daran. Bei Fort Robinson wurde damals auch ein Sonnentanz abgehalten, für das Wohlergehen des Volkes und für reichlich Fleisch. Manche tanzen ihn auch, um sich auf einen Kampf vorzubereiten. Ich erinnere mich daran, dass diesen Sonnentanz nur zwei Männer tanzten, denn einer von ihnen tanzte nur auf einem Bein, da er das andere in der *Schlacht der hundert Erschlagenen*[5] (Fetterman Fight bei Fort Phil Kearney unter Führung von Red Cloud am 21.12.1866; Anm. d.Ü.) verloren hatte. Der andere besaß zwar zwei gute Beine, hatte aber in der gleichen Schlacht ein Auge verloren. So tanzten die beiden Männer zusammen mit drei Augen und auf drei Beinen.

Wir Jungen gingen während des Sonnentanzes zum Bach hinunter und holten einen Sack voll Ulmenblätter. Wir zerkauten

---

[4] *Red Cloud* (Machpiya-luta *Rote Wolke*;„geboren 1822 an der Gabelung des Platte River war Anführer einer militanten Gruppe der Oglala-Lakota, und einer ihrer größten militärischen und politischen Führer. Zunächst schlug er die Weißen (u.a. im Fetterman Fight) und zwang sie zu einem Rückzug und zur Aufgabe ihrer Forts. Nach einem Besuch im Osten der USA erkannte er jedoch die Aussichtslosigkeit eines bewaffneten Kampfes gegen die Weißen und bemühte sich, als Friedensstifter und Diplomat seinem Volk das Land am Powder River zu sichern. Dies trug ihm das Misstrauen vieler Indianer ein, dieglaubten, er habe sich an die Weißen verkauft.
[5] Fetterman Fight bei Fort Phil Kearney unter Führung von Red Cloud am 21.12.1866.

sie, um anschließend den glitschigen Brei auf die Leute zu schleudern, die sich für den Sonnentanz besonders herausgeputzt hatten. Selbst einige ältere Leute bewarfen wir damit. Es gehörte dazu, dass man sich gegenseitig ärgerte, und alle waren glücklich an jenem Tag. Es war eine Art Härteprobe. Der Sonnentanz verlangt von den Männern, dass sie vieles ertragen können, und wir Knaben waren dazu da, ihre Willensstärke auf die Probe zu stellen.

Beim Sonnentanz nimmt man auch die Kinder beiseite, und der Medizinmann durchbohrt ihre Ohren. Eltern, die stolz auf ihre Kinder sind, geben für jedes gebohrte Loch ein Pferd weg. Diese Pferde erhalten dann die Armen. Wer eine besonders mutige Tat vollbracht hat, erhält das Recht, das Ohr eines Kindes zu durchbohren, so wie ein Medizinmann.

Im Herbst brachen wir das Lager ab und machten uns auf den Weg zum Little Bighorn. Während der Zeit beim Fort Robinson hatten wir Einwanderer gesehen, die zu den Black Hills zogen, um dort Gold zu suchen. Und das war im Jahr des Vertrages von 1876. Im Jahr zuvor hatte ich das Powwow[6] zur Aushandlung des Vertrages selbst miterlebt. Doch ich erinnere mich nur daran, dass man mitten im Kreis der Tipis ein Schattendach aus Segeltuch aufgespannt hatte, unter dem die Vertreter der Weißen und der Indianer saßen, umgeben von vielen Indianern zu Pferd. Das Powwow fand auf der Nordseite des White River an der Mündung des White Clay Creek statt. Ich war damals nur ein Junge und daher ist das alles, was ich von jenen Verhandlungen noch in Erinnerung habe. Aber ich war neugierig und fragte meinen Vater, was dieser Vertrag bedeutet. Er erklärte mir, dass die Soldaten verlangt hatten, die Black Hills zu pachten. Der General hatte zu den Indianern gesagt, falls sie nicht einwilligen, die Black Hills an den Großvater in Washington

---

[6] Das *Powwow* (auch Pow-Wow) ist ein Tanzfest der Indianer; das Wort kommt aus der Algonkin-Sprache; auf Lakota heißt es „*Watschipi*".

zu verpachten, dann würden die Black Hills wie Schnee in unseren Händen schmelzen. Mit anderen Worten: Die Weißen würden uns die Black Hills (Kha Sapa) so oder so wegnehmen.

Linda L. Stampoulos

Was das bedeutet ...

DIE DONNERWESEN SPRECHEN

Stellen Sie sich einen klaren, heißen Sommertag auf den Plains vor. Plötzlich verfinstert sich der Himmel, Blitze schlagen in die Wipfel der Pappeln und setzen sie in Flammen. Gleichzeitig bricht ein heftiger Hagel los und Eisbrocken, so groß wie Golfbälle, prasseln zu Boden. Feuer und Eis kommen aus dem gleichen wütenden Unwetter. Für die Sioux waren dies Erscheinungsformen des Geistes – schwer zu verstehen, aber sehr mächtig. Sie waren *wakan* (heilig). Und diese Donnerwesen, die Feuer und Eis beherrschten, hatten sowohl die Macht zu töten als auch die Macht zu heilen. Laut Black Elk ist es ihr Wasser, das alle Heilpflanzen wachsen lässt.

Wenn wir Menschen des einundzwanzigsten Jahrhunderts ein schweres Gewitter erleben, dann machen wir uns zuerst Sorgen, dass der Strom ausfallen könnte und wegen all der Unannehmlichkeiten, die das für uns bedeutet. Für das Wunder und die Großartigkeit der Natur sind wir meist blind, weil wir uns über eine „verpasste" Fernsehsendung beklagen müssen oder nach den Kerzen stöbert, die wir beim letzten Gewitter wieder einmal verräumt haben.

Die Indianer der Plains hingegen lebten in einer natürlichen Umwelt und sind mit den gewaltigen Kräften der Natur Tag für Tag unmittelbar kofrontiert. „Allein schon wenn man nur da draußen ist", notierte Campbell, „dann spürt man das Mysterium und etwas, das größer ist als die menschliche Personifizierung dieser Energien."

Black Elks Erlebnis war alles andere als ein friedlicher innerer Monolog. Als Junge lebte er in permanenter Furcht vor den Donnerwesen. Wieder und wieder kehrte er ruhelos und aufgewühlt von seinem heiligen Ort zu seinem Volk zurück, um die zahlreichen Pflichten zu erfüllen, die dort auf ihn warteten.

Immer wieder hörte er die Donnerwesen, die ihn riefen, aber er verstand nicht, was sie von ihm wollten. Da seine Angehörigen bemerkten, dass er sich stets verbarg, wenn ein Gewitter kam, glaubten sie, er habe vom Donner geträumt. Nach dem Glauben der Lakota musste eine Person, die vom Donner geträumt hatte, eine Zeremonie ausführen, in der sie ihren *Heyoka*[7]-Traum darstellt. Der Träumer muss den Anordnungen der Donnerwesen Folge leisten. Unter anderem muss er sich in der *Heyoka*-Zeremonie bewusst als Clown aufführen und alles verkehrt machen, um die Leute zum Lachen zu bringen.

Die Medizinmänner seines Dorfes rieten Black Elk, anstelle der *Heyoka*-Zeremonie den Pferdetanz auszuführen, mit dem er den ersten Teil seiner großen Vision darstellte. Nach dem Pferdetanz sagte Black Elk: „Im Anschluss an diese Zeremonie war ich glücklich, mein Volk zu sehen, und mein Volk erschien glücklich und von neuen Kräften beseelt. Fortan, ab dem Alter von siebzehn Jahren, wurde ich als Medizinmann anerkannt. Alle respektierten mich. Die Angst war vollkommen verschwunden, und wenn die Donnerwesen wieder kamen, freute ich mich stets, sie zu sehen, denn jetzt kamen sie als Verwandte."

Die Geborgenheit eines heiligen Ortes hat etwas Tröstendes. Er ist ein tröstlicher Rückzugsort von den harten Realitäten

---

[7] Der Heyoka (oder Heyoehkah = „Gegenteil") ist der Clown und Trickster der nordamerikanischen Indianer; derjenige, der stets das Gegenteil des „Normalen" tut und damit die Leute zum Lachen bringt. Er ist jedoch nicht einfach Spaßmacher, sondern dadurch zugleich Lehrer, Erzieher und Heiler. Indem er das Recht hat, sich über alles (selbst über heilige Rituale) lustig zu machen, relativiert er starre Denkstrukturen und Verhaltensweisen. Bei den Sioux wurde derjenige zum *Heyoka*, der die höchste aller Visionen empfangen hatte: die der Donnerwesen. Egal wie zerlumpt er herumlief oder wie verrückt er sich benahm – alle Stammesmitglieder hatten vor ihm höchsten Respekt.

unserer Welt. Dabei darf man jedoch keinesfalls vergessen, dass man anschließend stets wieder in die Alltagswelt zurückkehren muss, so wie Black Elk es getan hat, um seine Alltagspflichten zu erfüllen. Man kann sich den heiligen Ort daher auch wie eine Oase vorstellen, die uns auf unserer Lebensreise vorübergehend die Gelegenheit zum Nachdenken und zur Erneuerung bietet.

Während all seiner Interviews mit John Neihardt bezog sich Black Elk immer wieder auf die Symbole und Metaphern seiner Vision, von denen manche kraftvoller sind als andere. Wir werden unsere Reise mit dem vielleicht machtvollsten und am meisten zitierten seiner gesamten Ausführungen fortsetzen: dem heiligen Ring (siehe Fußnote S. x).

Black Elks Vermächtnis

Dieses junge Mädchen scheint seinen heiligen Ort am Ufer des Little Bighorn River gefunden zu haben. Das Foto mit dem Titel „Die Stimme der Wassergeister", aufgenommen von Joseph K. Dixon, hat einen stillen Moment des Nachdenkens in ihrem Alltag eingefangen. Es ist zwischen 1908 und 1913 entstanden und wurde zur Verfügung gestellt von der Western History Collection der Denver Public Library, Archivnummer (Call Number) Z3182.

Can'glegska Wakan

Ziehe deinen heiligen Ring

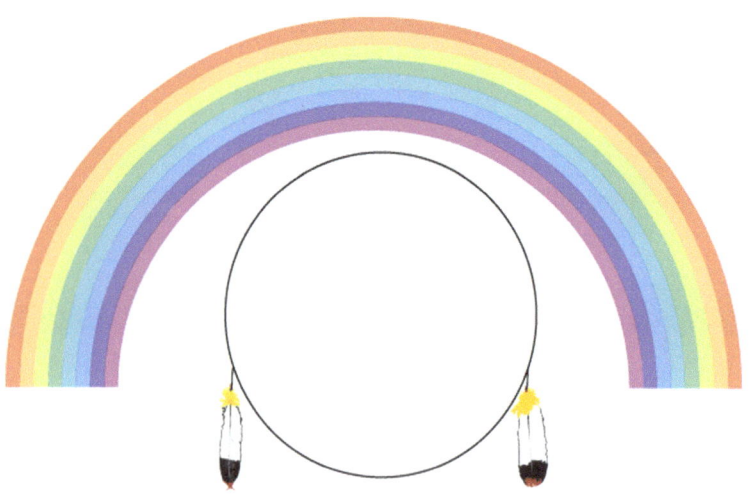

Ziehe deinen heiligen Ring

Wenn Sie Ihren heiligen Ort gefunden haben und wissen, wie viel Frieden und meditative Ruhe er Ihnen gewährt, dann sind Sie bereit, dem nächsten Schritt der Spur zu folgen, die Black Elk hinterlassen hat. Jetzt geht es darum, dass Sie *Ihren heiligen Ring* ziehen. Denken Sie daran, dass jedes der symbolischen Bilder, die Black Elk in seiner Vision empfangen hat, verschiedene Interpretationen zulässt – und der heilige Ring macht da keine Ausnahme. Man könnte sagen, dass sich der Ring seiner Vision auf verschiedenen Ebenen interpretieren lässt. Da ist zunächst der heilige Ring des Schutzes und der Geborgenheit, über den wir in diesem Abschnitt reden werden; dann der heilige Ring der Harmonie, um den es in den Erörterungen zum Little-Bighorn-Bericht geht; und schließlich der heilige Ring als der Kreis der Winter, auf den wir im nächsten Kapitel eingehen werden. Doch ehe wir jede dieser Interpretationen genauer untersuchen, sollten wir über die folgenden Worte Black Elks nachdenken, mit denen er berichtet, wie er den heiligen Reif[8] während seiner großen Vision empfangen hat.

Der heilige Reif

Vier weitere Reiter – einer aus jeder Himmelsrichtung – kamen und reichten mir einen Reif. Mithilfe dieses Rings sollte ich eine Nation schaffen, eine Nation, in deren Schoß wir alle wachsen und gedeihen würden. Der Reif

---

[8] Der englische Begriff „hoop" (Reif, Reifen, Ring) wird in diesem Buch als „Reif" übersetzt, wenn er sich auf das Sakralobjekt (als Darstellung des Symbols der Geschlossenheit) bezieht. Ist vom Symbol selbst die Rede, so wird das Wort mit „Ring" wiedergegeben.

symbolisiert die Ältesten – und sie verkörpern die Nation. Sein Mittelpunkt versinnbildlicht das Wohlergehen des Volkes. Meine Aufgabe war es, eine Nation zu erschaffen – sei es im Wohlergehen oder in der Not. Wie er mir den heiligen Reif übergab, sprach der Geist des Westens: „Schau, diesen heiligen Reif an. Er steht für dein zukünftiges Volk wird".

Du verstehst vielleicht, dass wir im heiligen Ring wachsen und gedeihen. Du wirst bemerken, dass bei uns Indianer alles in der Form des Rings geschieht. Alles, was wir tun, kommt aus der Macht des heiligen Ringes. Aber du siehst, dass es heute nicht mehr so ist: Dieses Haus ist nicht rund, es ist viereckig. Das ist nicht die Art, wie wir leben sollten. Der Große Geist hat uns unter anderem eine bestimmte Religion zugedacht. Die Kraft kann nur in runden Dingen wirksam werden. Heute ist alles zu eckig. Der heilige Ring geht unter den Menschen immer mehr verloren. Jetzt erhalten wir sogar Zelte, die rechteckig sind, und müssen darin leben. Dabei bauen selbst die Vögel stets runde Nester. Wenn man die Eier eines Vogels in ein eckiges Nest legt, dann wird der Muttervogel dort nicht bleiben. Wir Indianer sind gewissermaßen mit den Vögeln verwand. Alles strebt nach Rundheit – auch die Erde ist rund. Wir Indianer sind auf dieser Welt, um der Natur nahe zu sein und in Harmonie mit ihr zu leben. Wie die jungen Vögel, so wurden auch unsere Kinder seit Generationen im Schutz des heiligen Ringes geboren. Doch jetzt ist der weiße Mann gekommen und hat unser Nest weggenommen. Er hat uns in eckige Kästen gesteckt, in denen wir unsere Kinder großziehen sollen. Aber das ist unmöglich. In diesen Kästen gehen wir zugrunde.

In seiner großen Vision hat Black Elk gesehen, dass der Ring seines Volkes schließlich zerbrechen wird, und in seiner Klage schildert er uns die schmerzliche Bedeutung dieses Bruchs. Doch die Geschichte ist damit nicht zu Ende. Die Wiederentdeckung seines Traums fordert uns dazu auf, den Ring erneut zu schließen. Dazu müssen wir mit unserem eigenen persönlichen Ring beginnen.

Der heilige Ring des Schutzes und der Geborgenheit

Joseph Campbell schreibt, der Ring könne als ein psychologisches Symbol für die Ganzheit des Selbst aufgefasst werden. Einfach gesagt: Der Ring schirmt gegen die Außenwelt ab und hält die Innenwelt zusammen. Wenn Sie sich an Ihrem heiligen Ort befinden, dann besteht der nächste Schritt nun darin, einen imaginären Ring zu schaffen. Ziehen Sie einen Kreis, der nur jene Elemente Ihres Lebens einschließt, die von besonderer Bedeutung für Sie sind und die Sie zumindest in einem gewissen Maße beeinflussen können. Damit erreichen Sie zweierlei: Erstens begrenzen Sie die Zahl der Dinge, die Sie beschäftigen und mit denen Sie sich auseinander setzen müssen. Zweitens schließen Sie dadurch jene entfernteren Probleme aus, an denen Sie sowieso nichts ändern können. Für unsere persönliche Reise bedeutet der Ring also ein Abgrenzen der unmittelbaren Dinge, mit denen wir uns befassen wollen – sowohl der positiven als auch der negativen.

Ihr heiliger Ring, das sind dann eigentlich Sie selbst. Er verleiht Ihnen Einheit und die Ganzheit des Seins. Der Brennpunkt liegt nun innen. Die Geschlossenheit des Rings gibt ein Gefühl der Sicherheit. Er zieht die Linie, die uns klar erkennen lässt, woran wir arbeiten müssen. Die Probleme schrumpfen auf das Feld innerhalb des Kreises zusammen. Dadurch sind sie leichter zu handhaben und weniger erdrückend. Durch diese Vorstellungen des „Schrumpfens" und der „Geborgenheit" werden die Lebensinhalte auf ein angemessenes

Maß reduziert.

Dies ist keine leichte Aufgabe. Am Anfang wird Ihr Ring viele Probleme enthalten, die jenseits Ihres Einflussbereichs liegen. Den ganzen Tag über sind wir mit tausend Dingen konfrontiert, auf die wir keinen Einfluss haben – angefangen bei unserem persönlichen Umfeld bis hin zu fernen Weltereignissen. Es entspricht unserem Wesen, die Probleme der Welt anpacken und zu einem guten Ende führen zu wollen. Den Ring der Geborgenheit zu ziehen bedeutet auch keineswegs, dass allgemeinere Probleme nun einfach ignoriert werden. Im Gegenteil: Diese Übung soll eine sichere Basis schaffen, auf der wir unsere innere Stärke aufbauen und einen zuverlässigen Ausgangspunkt finden, um uns anschließend wieder den Problemen der Welt zuzuwenden.

Joseph Campbell kam bei seiner Interpretation von Black Elks Worten immer wieder auf diese Kraft zurück, die durch den Ring symbolisiert wird. Er verkörpere die Ganzheit, erläuterte er, eine Einheit ohne Anfang und ohne Ende. Er stehe für etwas Ewig-Gegenwärtiges, das Zentrum, aus dem wir alle kommen und in das wir wieder eingehen werden. Campbell zitiert C.G. Jungs Erklärung „der Ring ist das machtvollste religiöse Symbol, eines der großen archetypischen Bilder der Menschheit. Indem man den Ring betrachtet, analysiert man sich selbst".

Jung vertrat die Ansicht, dass der persönliche Ring alles umfasst, dessen man sich bewusst ist (das Bewusstsein), sowie das persönliche Unbewusste. Dieses persönliche Unbewusste definiert er als die Gesamtheit all dessen, was einmal bewusst war, dann aber aus dem Bewusstsein entschwunden ist, weil es entweder vergessen oder verdrängt wurde. Diese Verknüpfung aus Bewusstsein und persönlichem Unbewusstem bezeichnet Jung als „das Selbst".

Wir setzen unsere Entdeckungsreise fort, indem wir nun nach innen blicken – in der Gewissheit dass wir uns im Frieden und in der Geborgenheit unseres heiligen Rings befinden. Black Elk und sein Volk genossen diese Harmonie während der letzten Jahre ihrer Freiheit auf den Great Plains.

Linda L. Stampoulos

Was damals geschah...

Das Tiospaye-Treffen am Little Bighorn
Die letzten Tage des heiligen Rings

Black Elk berichtet über das Tiospaye[9] und die Schlacht gegen Custers 7. Kavallerieregiment am Little Bighorn.

Wir brachen das Lager ab und zogen fort, um uns der Gruppe von Crazy Horse am Tongue River anzuschließen. Dann ging ich alleine in die Black Hills hinauf. Unter einem Baum hatte ich eine weitere Vision und erkannte, dass die mir bevorstehende Aufgabe vielleicht die Errettung der Black Hills sein würde. Dies zu erreichen, schien unmöglich. Doch ich wollte alles daransetzen, meine Pflicht auf Erden zu erfüllen.

Ich konnte es kaum erwarten, meinen Cousin Crazy Horse zu treffen. Doch er war nicht im Lager. Wahrscheinlich war er auf dem Kriegspfad gegen die Crows.

Black Elk berichtet über die Schlacht gegen Custer

Es war Ende Frühjahr 1876, als wir uns den anderen anschlossen, die ihr Lager am Little Bighorn aufgeschlagen hatten. Wir brachten unsere Pferde hinaus auf die Prärie, um sie weiden zu lassen. Es waren rund zehntausend Pferde – so viele, dass man sie gar nicht zählen konnte. Auch unsere Tipis waren so zahlreich, dass man ihre Zahl nicht kannte. Wir bewachten unsere Pferde, während die Frauen wilde Rüben sammelten und die Männer auf der Jagd waren. Überall hatten wir Wachen

---

[9] *Tiospaye*, ist ein Wort der Lakota-Sprache, das soviel wie „die zusammen leben" bedeutet und bezeichnet eine Art erweiterte Familie. Diese Gruppe enthält sowohl Blutsverwandte als auch Adoptierte, die gegenseitig für einander sorgen und verantwortlich sind.

aufgestellt. Die Knaben und die alten Männer badeten im Little Bighorn River, der jetzt im Juni viel Wasser führte. Ich war noch sehr jung und nicht sehr selbstständig, aber einige der älteren Jungen forderten mich auf, mit ihnen schwimmen zu gehen. Ich wusste, dass innerhalb eines Tages etwas Schlimmes passieren würde, und dachte über den Bogen und die Pfeile nach, die die Geister mir gegeben hatten. In kurzer Zeit gingen mir mehr Dinge durch den Kopf, als man sich vorstellen kann.

In der Morgendämmerung weckte mich mein Vater und sagte, ich solle einige Pferde auf die Weide bringen. Zusammen mit einem meiner Cousins machte ich mich für diese Aufgabe bereit. Als wir aufbrechen wollten, mahnte mich mein Vater, vorsichtig zu sein und eines der Pferde an einer langen Leine laufen zu lassen, um es rasch einfangen zu können. Auch sollten wir das Lager stets im Auge behalten und besonders auf der Hut sein. „Falls irgendetwas passiert," schärfte er uns ein, „dann bringt ihr die Pferde auf dem schnellsten Weg zurück ins Lager."

Wir führten die Pferde hinaus und hüteten sie bei Sonnenaufgang. Als die Sonne etwas höher stieg, band ich an eines von ihnen ein langes Seil. Dann ließen wir sie alle laufen und gingen zurück zum Lager. Es wurde allmählich heiß und viele Leute badeten im Fluss. Eine Gruppe von Männern ging auf die Jagd und einige Frauen waren draußen, um nach wilden Rüben zu graben. Es war inzwischen acht oder neun Uhr, und da wir noch kein Frühstück gehabt hatten, mussten wir uns bei den Zelten etwas holen. Zu der Zeit brachten alle ihre Pferde zur Tränke.

Irgendwie hatte ich das Gefühl, als ob etwas nicht in Ordnung wäre. Ein eigenartiges Gefühl sagte mir, dass innerhalb der nächsten Stunde etwas Schreckliches passieren würde. Die anderen Jungen waren alle beim Baden. Ich wollte nicht mit ihnen gehen, weil ich mich so eigenartig fühlte. Schließlich entschloss ich mich, doch schwimmen zu gehen, und begann, meinen Körper einzufetten. Da hörte ich beim Lager der

Hunkapas[10] den Ausrufer: „Sie greifen an! Die Angreifer kommen! Dort wo das Tipi steht, sagen sie, kommen die Angreifer!" (Gemeint war das Tipi, zu dem sie früher ihre Toten gebracht hatten, wenn sie herunter zum Greasy Grass gekommen waren.) Dann verkündete der Rufer der Oglalas das Gleiche, und ein Lager nach dem anderen gab die Nachricht weiter. Wir hörten, wie der Ruf von Dorf zu Dorf ging.

Etwa zu der Zeit hatte mein Cousin die Pferde zur Tränke geführt, und jetzt kamen sie rasch vom Fluss zurück. Ich hatte eine hellbraune Stute und lief, um sie zu holen. Alle rannten, um ihre Pferde einzufangen. Wir hatten das Glück, dass unsere in der Nähe waren. Die meisten anderen Pferde waren noch draußen auf der Weide und so eilten die Leute hinaus, um sie zu holen.

Mein Bruder kam auf mich zu, hielt sein Pferd fest und hieß mich zurückgehen. Aber ich hatte einen sechsschüssigen Revolver, den meine Schwester mir gegeben hatte, und ich hatte auch meinem Bruder sein Gewehr mitgebracht.

Jenseits des Hunkapa-Dorfes lag ein Wald. Dort versammelten sich die Männer. Auch mein Bruder eilte dorthin. Er befahl mir umzukehren, aber ich folgte ihm. Als ich die Bäume erreichte, schossen die Soldaten oberhalb von uns und man sah Blätter herunterfallen, dort wo die Kugeln durchs Geäst pfiffen. Ich verschwand im Gehölz und konnte nicht mehr erkennen, was hinter mir geschah.

Nach und nach fanden wir im Buschwerk Deckung und überquerten dann die Ebene. Die Soldaten schossen jetzt auf uns und überall ertönte der Ruf: „Seid mutig! Seid nicht wie Weiber!". Andere riefen: „Seid mutig, denn die Hilflosen sind außer Atem!".

---

[10] Untergruppe der Lakota-Sioux neben den Oglala, Sicangu (= Brulé), Minnicoujou (=Minneconjou), Itazipco (= Sans Arc), Siha Sapa (= Blackfeet Lakota), und Oohenumpa (= Two Kettle); einen Überblick über die Gruppen und untergruppen der Sioux Nation finden Sie im Anhang.

Black Elks Vermächtis

Die Frauen liefen zu den Bergen. In kleinen Gruppen überquerten sie die Ebene. Ich war unten im Dickicht und konnte nicht recht sehen, was über mir passierte. So stand ich unter den Bäumen und dachte immer wieder an meine Vision. Sie gab mir Kraft. Dann fiel mir ein, dass ich mein Volk in der Vision als ein Volk von Donnerwesen gesehen hatte. Aber ich konnte nicht verstehen, warum die Soldaten uns das antaten. Es schien mir, dass mein Volk vielleicht etwas von meiner Kraft empfangen hatte, denn ich wusste, dass wir die Soldaten auslöschen würden.

Kurz nach den Ermutigungsrufen hörten wir, dass Crazy Horse auf dem Weg zu uns sei. Er ritt ein Pferd mit weißem Gesicht. Alle riefen: „Crazy Horse kommt!" Und im gleichen Moment hörte ich, wie die Gruppe am Hang westlich von uns „Hokahey!" rief und ihr Kriegsgeheul anstimmte. Auch Pfeifen aus Adlerknochen waren zu vernehmen. All das Geschrei verriet mir, dass die Indianer vorrückten, und ich hörte den donnernden Hufschlag ihrer Pferde beim Angriff. Etwas oberhalb von uns hörte ich die Hufe der Soldatenpferde, die ins Gehölz herunter kamen. Wenig später stürmten die Soldaten wieder den Hang hinauf und ich folgte ihnen. Danach herrschte ein fürchterliches Durcheinander von Soldaten und Indianern. Ich konnte nicht viel sehen, aber ich hörte Schüsse und Stimmen. „Schnell! Schnell!", riefen wir einander zu.

Die Soldaten rannten nun flussauf – und die Indianer waren mitten unter ihnen. In dem Moment erblickte ich einen Sioux, der einen der Soldaten angriff und versuchte, dessen Pferd festzuhalten. Doch der Soldat schoss ihn mit seinem Revolver vom Pferd. Ich erkannte, dass dieser Weiße bereits zwei Indianer erschossen hatte. Ehe wir uns versahen, hatten die Soldaten gewendet und feuerten wieder auf uns. Frauen und Kinder liefen um ihr Leben.

Während ich mit meiner Mutter auf dem Gipfel des Hügels war, sah ich, wie die Schlacht auf der anderen Seite des Little Bighorn weiterging. Viel konnte man jedoch im dichten Staub und Pulverdampf nicht erkennen. Die Frauen sangen und stießen ihre Trillerrufe aus. Dann kamen etwa sechs Jungen vorbei und forderten mich auf, ihnen zu folgen. Gemeinsam ritten wir den Hang hinunter, erreichten eine kleine Schlucht und durchquerten sie. Auf dem Weg hinunter sahen wir die grauen Pferde (Soldatenpferde; d. Ü.) in wildem Galopp zum Fluss jagen. Dann durchquerten wir den Little Bighorn und waren nun nahe am Kampfgeschehen. Wir hörten immer mehr Geschrei und sahen die Soldaten, die den Hang herunterkamen. Sie bewegten die Arme als würden sie rennen, aber sie gingen nur im Schritttempo. Einige Indianer waren direkt über ihnen und galoppierten kreuz und quer durch sie hindurch. Es sah so aus, als hätten die Indianer sie einfach niederreiten können, selbst ohne Waffen. Und noch ehe wir ankamen, waren alle Weißen ausgelöscht.

Inzwischen trafen auch die Frauen ein. Wir gingen wieder den Hang hinauf und sahen graue Pferde auf der Erde liegen, dort wo Custer sich auf dem Gipfel des Hügels verschanzt hatte. Man sah nur wenige tote Indianer, da die meisten bereits weggebracht worden waren.

Die Indianer waren immer noch dabei, ihre Gefallenen einzusammeln. Zwei getötete Sioux wurden von ihren Verwandten in Decken gehüllt, um sie zurück zum Lager zu bringen. Ich hatte genug vom Anblick des Schlachtfelds. Die Luft war erfüllt vom Geruch nach Blut und Pulverdampf, von dem mir allmählich übel wurde. Trotzdem war ich ein sehr glücklicher Junge. Ich bedauerte nichts. Es war mir vorher klar gewesen, dass es so kommen würde. Als Reno[11] angegriffen hatte, da hatte ich das Volk als meine Nation betrachtet. Ich hatte meine Leute als Verwandte der Donnerwesen gesehen und die Soldaten für ausgemachte Narren gehalten, dass sie diesen Angriff wagten. Denn ich hatte gewusst, dass sie alle ausgelöscht werden würden.

---

[11] Custer hatte seine Truppe in drei Kolonnen aufgeteilt, die von Major Reno, Captain Benteen und ihm selbst befehligt wurden, um das Lager von mehreren Seiten anzugreifen.

Wir versammelten uns auf dem Gipfel des Hügels, so wie wir waren, und gingen von dort zu unseren Tipis zurück. Niemand schlief in jener Nacht – alle blieben auf.

Am folgenden Nachmittag, als die Sonne schon tief stand, sandten sie mit Spiegeln vom Lager aus Signale zu den Kriegern hinauf, die auf dem Berg geblieben waren, um die letzten Soldaten auszulöschen. Meine Mutter und ich waren draußen unterwegs. Sie ritt eine Stute mit einem Fohlen, das sie so angebunden hatte, dass es neben seiner Mutter lief. Als wir durch die Furt ritten, schossen die Soldaten auf uns. Aber sie trafen nicht, und wir ritten im Galopp zum Lager zurück. Die Sonne war bereits am Untergehen, als wir dort ankamen. Zur gleichen Zeit traf eine andere Gruppe ein, die berichtete, dass weitere Soldaten flussauf heranrückten. Also begannen wir, das Lager abzubauen.

Linda L. Stampoulos

Was das bedeutet...

Das Tiospaye-Treffen am Little Bighorn Die letzten Tage des heiligen Rings

Im Juni 1876, wenige Tage vor den Hundertjahrfeiern der USA, machte eine Indianerversammlung Geschichte, die in einem üppigen Tal am Little Bighorn River abgehalten wurde. Ihr wahres Vermächtnis besteht jedoch nicht im Sieg über General Custer, sondern in den Ereignissen während der Wochen vor der Ankunft Custers und seiner Truppen.

Der heilige Ring der Harmonie

Es war Frühjahr, der Monat, in dem die Pferde ihr Fell wechseln. Eine Zeit, um Freiheit und neues Leben zu feiern und um den Fährten von Büffeln und anderem Wild zu folgen. Männer, Frauen und Kinder kamen zusammen, um dem Schöpfer *Wakan Tanka* dafür zu danken, dass er sie wohlbehalten durch den harten Winter gebracht hatte. Sie lagerten an einem Ort, der seit alter Zeit „Greasy Grass" („Fettes Gras", d. Ü.) heißt, ein Ort der Stille und Andacht. Am Anfang waren es nur einige wenige Tipis, aber im Laufe einiger Wochen wuchs die oft als *Tiospaye* oder „Goldenes Lager" bezeichnete Versammlung zur größten in der amerikanischen Geschichte heran. Augenzeugen berichten, dass es über 1000 Tipis gewesen seien. Jeder Anführer hatte seinen eigenen Ring von Tipis – insgesamt an die 7.000 Menschen, darunter fast 1.500 Krieger. Unter den zahlreichen Stämmen, die dort vertreten waren, befanden sich die Yanktonais, Cheyenne, Arapaho und Dakota; und von den Lakota-Sioux waren die Oglala, Hunkpapa, Sicangu, Minnicoujou (korrekte Schreibweise für „Minneconjou", d. Ü.), Itazipco, Siha Sapa, und Oohenumpa anwesend. Es heißt, die Ringe ihrer Tipis haben sich von Süden nach Norden erstreckt.

Tatanka Iyotanka (Sitting Bull) von den Hunkpapa, war der geistige Führer des Volkes. Früher im gleichen Monat hatte er dazu aufgerufen, in den nahen Hügeln einen Sonnentanz abzuhalten, um das Volk zu reinigen und ihm Ausdauer zu verleihen. Bei diesem Sonnentanz hatte er seine Vision von toten Soldaten und Pferden gehabt, die im Lager der Indianer fielen. Sitting Bull war ein großer Krieger und Visionär. Er setzte sein Leben dafür ein, die wunderbare Kultur seines Volkes zu bewahren.

Eine machtvolle Würde umgab das wartende Volk, und starke Führer beschützten die Stämme: Crazy Horse, Gall, American Horse und He Dog. Ihre Tipi-Ringe fügten sich zu einem großen Dorf zusammen – und zu einem Symbol ihrer Freiheit. Black Elk war damals 13 Jahre alt. Durch einen seltsamen Zufall hatte seine Familie vier Jahre zuvor genau an diesem Ort gelagert, als er seine große Vision empfangen hatte.

Den Tag über, so berichtet Black Elk, saßen die Ältesten in der Ratsversammlung, die Frauen gruben nach wilden Rüben und bereiteten die Mahlzeiten zu und die Kinder badeten im Fluss oder ritten auf ihren Pferden. Nach Einbruch der Dunkelheit ertönten die Trommeln im Rhythmus zum Herzschlag der Tänzer und man erzählte sich Geschichten von Siegen und vom traditionellen Leben. Black Elk erläuterte Joseph Epes Brown:

> Ich sollte Dir erklären, warum die Trommel für uns so bedeutungsvoll ist. Ihre runde Form verkörpert die Ganzheit des Universums und ihr gleichmäßiger, kraftvoller Rhythmus ist der Pulsschlag, das Herz, das im Mittelpunkt des Universums schlägt. Er ist die Stimme von *Wakan Tanka*. Er bewegt unser Herz und hilft uns, die Macht und das Geheimnis aller Dinge zu verstehen.

„Ihre runde Form verkörpert die Ganzheit des Universums",

das ist ein weiteres Beispiel für die Bedeutung des Ring-Symbols. Es versinnbildlicht nicht nur eine Ganzheit, sondern zugleich eine Kraftquelle in Gestalt des Trommelschlags.

Die abendlichen Feuer des Tiospaye brannten bis tief in die Nacht hinein. Der Vollmond leuchtete taghell und die Tänze konnten endlos andauern. Nie zuvor hatte im Lager ein solch starkes Gefühl von Freiheit und Selbstvertrauen geherrscht. Durch Sitting Bulls Vision wussten alle, dass sie unbesiegbar waren. Am Morgen vor Custers Angriff am 25. Juni 1876 lagen die Stämme in erholsamem Schlaf, denn sie schliefen im Ring der Harmonie und des Friedens.

Black Elks Vermächtis

Die goldene Sonne eines neuen Tages ergießt ihren Glanz in den wartenden Junimorgen. Die Nebel der kühlen Nacht begegnen der Wärme der Morgendämmerung und schweben, wie vom Schöpfer kunstvoll aufgehängt zwischen der Welt des Geistes und der Mutter Erde.
Das Foto wurde freundlicherweise zur Verfügung gestellt von der Western History Collection der Denver Public Library, Archivnummer (Call Number) X31212.

Linda L. Stampoulos

Die verlöschende Glut der Tiospaye-Lagerfeuer lässt einen gespenstischen Lichtschein über die Landschaft tanzen: ruhig, friedlich – trügerisch.
Das Foto wurde freundlicherweise zur Verfügung gestellt von der Western History Collection der Denver Public Library, Archivnummer (Call Number) NS288.

Black Elks Vermächtis

Die Beschreibung des Morgens geht weiter: Würdevoll und edel, kraftvoll und gefasst blickt Sitting Bull an diesem unheilvollen Morgen über den Horizont des Landes, auf dem sein Volk noch in friedlichem Schlaf liegt. Man kann sich das Leid, den Kummer und den Schmerz im Herzen dieses heiligen Mannes kaum vorstellen, der tief in seinem Inneren weiß, was die anderen nicht ahnen: Was ihnen bevorsteht, ist nicht die Morgendämmerung, sondern die Nacht. Was die aufgehende Sonne an diesem Junimorgen symbolisiert, ist nicht ein Anfang, sondern das Ende. Weit in der Ferne ist das leise Grollen des Donners zu vernehmen. Er kommt nicht vom Himmel, sondern von der Erde; nicht aus der Natur, sondern von den Menschen. Nicht mit den Ohren des Körpers ist er zu hören, sondern mit denen des Geistes. Niemals wieder werden sich seine Leute so versammeln und so feiern wie sie es hier getan haben. Niemals wieder werden die Freiheitsfeuer des Tiospaye so hell und zwischen so vielen Menschen brennen. Es ist die Morgendämmerung, doch die Zeit geht zu Ende. Es ist der Tag, doch die Nacht kommt näher. In der Schlacht gegen Custer werden sie siegen, doch dieser Sieg wird die letzten Tage des heiligen Rings einläuten.

Der heilige Ring des Stammes wurde für gewöhnlich als ein symbolischer Reif dem Medizinmann anvertraut. Da er von einer langen Reihe solcher Heiler abstammte, war Black Elk mit der Macht und Bedeutung des Ringes eng vertraut. James Mooney schreibt in seinem 1896 für das Bureau of Ethnology des Smithsonian Institute verfassten Bericht „The Ghost-Dance-Religion und der Sioux-Aufstand von 1890", dass der Medizinmann von Big Foots Stamm während der Flucht aus dem Norden einen solchen Reif mit sich geführt und ihn bei jedem

Tanz präsentiert habe – bis zu jenem verhängnisvollen Tag von Wounded Knee (29. Dezember 1890).

Black Elk erkannte, dass äußere Elemente für das Zerbrechen der Einheit und Geschlossenheit verantwortlich waren, in der sein Volk bis dahin gelebt hatte. Nach dem Sieg der Indianer am Little Bighorn nahm der Zerfall dramatische Ausmaße an. Doch Black Elk glaubte weiter an die positive Botschaft seiner Vision. Er war der Überzeugung, dass es nicht nur einen Ring gibt, sondern zahlreiche Ringe, die viele Nationen und Völker aller Hautfarben verkörpern. In der Harmonie des heiligen Ringes wird allen Völkern Erlösung verheißen. Das Problem besteht darin, wie man die spirituellen Bedürfnisse eines Volkes stillen kann, während es darum ringt, seine Individualität und Identität in der modernen Welt zu finden.

Um die Reise fortzusetzen, müssen wir uns daher an Black Elks Botschaft halten und uns auf unsere eigene Integrität konzentrieren, auf unseren eigenen heiligen Ring.

Black Elks Vermächtis

Das Bild zeigt eine Medicine Lodge, gewöhnlich das größte Tipi des Dorfes, das dem Medizinmann gehörte. In ihm versammelten sich die Indianer abends, um zu singen und zu tanzen. Eine sitzende, ältere Frau ist dabei, ein Wolfsfell zu gerben. Das Foto wurde freundlicherweise zur Verfügung gestellt von der Western History Collection der Denver Public Library, Archivnummer (Call Number) X31654.

Linda L. Stampoulos

Dieses Foto zeigt Spotted Eagle, den Medizinmann der Itazipco Lakota. Er hält während eines Tanzes den symbolischen Reif seines Volkes. Das Foto wurde freundlicherweise zur Verfügung gestellt von der Western History Collection der Denver Public Library, Archivnummer (Call Number) Z61.

Wicasa Ksapa Wakan Sica

Benenne deine Helden und deine Dämonen

Wir müssen uns nicht einmal allein ins Abenteuer stürzen, denn die Helden aller Zeiten sind uns vorangegangen. Das Labyrinth ist gründlich erforscht. Wir brauchen nur dem Pfad der Helden wie einem leitenden Faden zu folgen. Wo wir geglaubt hatten, in die Ferne zu ziehen, werden wir uns dem Zentrum unseres eigenen Seins nähern; wo wir geglaubt hatten völlig allein zu stehen, werden wir mit der ganzen Welt vereint sein.

Joseph Campbell
„Der Heros in tausend Gestalten"
(Insel TB 2556, Insel Verlag 1999)

Benenne deine Helden und deine Dämonen

Zu wissen, dass wir nicht alleine sind, ist eine Quelle des Trostes auf unserem weiteren Weg durch das Leben. Unsere Reise wird viel leichter, wenn wir wissen, dass jemand anders bei uns ist, um Freude und Kummer mit uns zu teilen. Manchmal hilft es, an jene zu denken, die vor uns den gleichen Weg gegangen sind und die uns als Vorbild für unser Leben dienen können.

Joseph Campbell bezieht sich bei seiner Interpretation von Black Elks Worten immer wieder auf die Begriffe ‚Held' und ‚Pfad des Helden'. „Ein Held," so schreibt er, „ist jemand, der etwas entdeckt oder vollbracht hat, das über das Maß des Gewöhnlichen hinausgeht. Jemand der sein Leben einem Ziel gewidmet hat, das größer ist als er selbst." Das kann eine körperliche Leistung sein, erklärt er, so wie die mutigen Taten, die Crazy Horse vollbracht hat, oder eine spirituelle Leistung, so wie Black Elks Streben nach Erfüllung seiner Vision. Aber dafür ist immer ein Preis zu bezahlen. Der Held opfert sich zum Wohle seiner Mitmenschen.

Um dem nächsten Schritt der Spur zu folgen, gilt es, den Inhalt des eigenen heiligen Rings prüfen. Beim letzten Schritt haben Sie an Ihrem Ort des Friedens und der Ruhe einen Kreis gezogen, der Ihre unmittelbaren Aufgaben umfasst. Nun sollen Sie diese Angelegenheiten überprüfen und ermitteln, ob sie Ihr Leben bereichern oder es einschränken. Bedenken Sie dabei, dass Ihr Ring sowohl positive als auch negative Elemente enthält: Helden und Dämonen. Dieser Prozess des Ordnens der inneren Kräfte ist mit Jungs Verwendung des *Mandala*s (Sanskrit für „Ring") vergleichbar. Jung ließ seine Patienten oft ihr Mandala zeichnen und es dann als Gegenstand der Kontemplation benutzen. Nach Campbell ist das Ordnen von Gefühlen und Problemen innerhalb des Mandalas ein spontaner Ausdruck des menschlichen Verlangens, Chaos in Ordnung zu verwandeln und dem verwirrenden Strom der inneren und äußeren Lebensprozesse zu begegnen.

Zunächst bringen Sie Ihre Angelegenheiten in eine Reihenfolge, wobei Sie die positiven stets nahe dem Mittelpunkt anordnen, die negativen weiter davon entfernt, nahe dem Rand. Und dann geben Sie jedem dieser Problemkreise einen Namen. Sind es Ihre Helden oder Ihre Dämonen? Das „Benennen" an sich verleiht schon eine beherrschende Macht über das benannte Objekt. Als Jesus den Dämon austrieb, nannte er ihn bei seinem Namen (Markus, Kapitel 5). Kann man eine negative Kraft identifizieren, so verringert man dadurch ihre Macht und erlangt mehr Kontrolle über sie. Sie kann dann nicht länger Energie aus Ihrer Angst gewinnen. Auf gleiche Weise werden die positiven Kräfte verstärkt und verleihen Ihnen ungeahnte Kräfte. Niemand wird je ganz frei von negativen Kräften sein. Immer wieder dringen Dämonen in unseren Ring ein. Wir müssen unser Bestes tun, um sie als das zu erkennen, was sie darstellen, und um sie möglichst weit vom Zentrum entfernt zu halten.

Indem Sie diese Übung regelmäßig wiederholen, wird Ihnen eine Schicht des Unbewussten tief in Ihrem Inneren immer bewusster werden. Der Aufenthalt in der Ruhe Ihres heiligen Ortes, das Ziehen Ihres Abwehrringes, der die Zahl der Probleme begrenzt, und das Identifizieren Ihrer Helden und Dämonen – das sind die ersten Schritte zur Selbstentdeckung. Jede Erfahrung steigert Ihre innere Kraft, da Sie Kontrolle über die widerstreitenden Mächte gewinnen, die in jedem von uns wirken. Nach und nach werden die im Inneren eingeschlossenen Kräfte auftauchen, und Sie können ihnen ihren Platz innerhalb Ihres heiligen Ringes zuweisen. Dies bringt Sie in Einklang mit dem umfassenden Bewusstsein des Universums. Wie Campbell sagt: „Alles Unbewusste ist machtvoll und gefährlich und muss unter die Kontrolle des Bewusstseins gebracht werden. Der Held wächst über seine menschliche Begrenztheit hinaus und tritt in Verbindung mit den Kräften der Natur, welche die wahren Kräfte des Lebens sind, von denen unser Verstand uns abgeschnitten hat." Nur durch Selbsterforschung und Meditation können wir uns den Ablenkungen und Ansprüchen der Welt entziehen, um den Blick nach innen zu wenden und herauszufinden, wer wir in Wahrheit sind und was wir wirklich werden können.

Bei der Suche nach dem Sinn seiner Mission hat auch Black Elk sich häufig auf die Helden seiner Zeit gestützt. Sein Cousin Crazy Horse diente ihm oft als Quelle der Inspiration. Crazy Horse war ein echter Führer seines Volkes. Eine Zeit lang war er ein „Träger des Hemdes", das heißt, eine Art Diener der Gemeinschaft, verantwortlich für das Wohlergehen der Waisen, der Alten und all jener Stammesmitglieder, die nicht selbst jagen konnten. Außerdem war er ein tapferer Krieger und ein Vorbild für die Jugend. Im folgenden Rückblick fährt Black Elk fort, über die Zeit nach dem Sieg am Little Bighorn zu berichten sowie über die Gefangennahme und Ermordung seines Helden Crazy Horse.

Linda L. Stampoulos

Was damals geschah...

Die Ermordung von Crazy Horse
Der Tod eines Helden

Black Elk berichtet über die Tage nach dem Sieg am Little Bighorn und über den Tod seines Cousins Crazy Horse.

Etwa bei Einbruch der Dämmerung waren wir alle mit dem Zusammenpacken fertig und folgten dem Little Bighorn stromauf. Nach der Schlacht am Greasy Grass Creek flohen wir die ganze Nacht hindurch. Gegen Morgen erreichten wir einen kleinen, ausgetrockneten Bach und schlugen dort sofort unser Lager auf. Wir brieten etwas von unserem Fleisch und veranstalteten ein großes Festessen. Das Fleisch war von Fettstreifen durchzogen. Ich wünschte, ich hätte jetzt ein solches Fleisch.

Am nächsten Tag zogen wir den Rosebud abwärts bis zu der Stelle, wo er zwischen hohen Steilufern fließt, und schlugen dort das Lager auf. Dann folgten wir ihm weiter stromab bis zu der Stelle, an der wir den Sonnentanz abgehalten hatten. Wir wollten sehen, was davon übrig geblieben war. Aber es da war nichts mehr – nur aufgewühlter Morast. Die Pferde hatten alles zertrampelt. Reno war dort mit einem Aufklärungstrupp durchgezogen und hatte mit seinen Pferden alles beschmutzt. Danach rasteten wir an einem heiligen Ort mit einer hohen Felswand. Die Indianer sagen, dass vor der Schlacht gegen Custer der Ausgang dort abgebildet gewesen sei. Aber es ist kaum möglich, dass jemand hinaufgeklettert war, um das Bild zu malen. An diesem Fels werden immer wieder Ereignisse prophezeit. War dort ein Mann zu sehen, der mit dem Kopf nach unten hing, dann konnte man davon ausgehen, dass in dem Jahr etwas Schlimmes geschehen würde. Und ein Jahr vor der Schlacht gegen Custer waren an dieser Wand eine ganze Menge Soldaten mit dem Kopf nach unten zu sehen gewesen. Alle wichtigen Ereignisse des Jahres werden durch Bilder an dieser Wand angekündigt. Sie heißt daher auch Rock Writing Bluff und sie erhebt sich direkt am Ufer des Rosebud. Als wir dort unser Lager aufschlugen, war das Bild der Custer-Schlacht noch immer dort und auch die anderen sahen es.

Am folgenden Tag begann das Volk, sich aufzulösen. Die Gruppe von Crazy Horse zog den Powder River aufwärts zu den Rocky Mountains. Die Cheyenne wanderten westwärts zum Fuß der Bighorn Mountains. Crazy Horse und seine Leute richteten ihr Herbstlager am Tongue River ein. Sie kämpften dort mit den Crows und erbeuteten viele Skalps. Die Minnicoujou kamen von den Slim Buttes und blieben den Winter über bei Crazy Horse.

So weit ich mich erinnere, versuchten die Minnicoujou und der Stamm von Crazy Horse mit den Weißen Frieden zu schließen. Sie entsandten Unterhändler zu den Soldaten, um darüber zu reden.

Crazy Horse war die meiste Zeit über nicht im Lager. Eines Tages trafen wir ihn am Weg nach Fort Robinson, wo er ganz allein nur mit seiner Frau an einem Bach lagerte. Crazy Horse sagte zu meinem Vater: „Onkel, es wird dir aufgefallen sein, wie ich mich verhalte. Aber es geschieht zum Wohle meines Volkes, dass ich alleine hier draußen bin. Hier draußen mache ich Pläne – ausschließlich gute Pläne – zum Wohle meines Volkes. Es ist mir gleich, wohin die Leute gehen. Sie können gehen, wohin sie wollen. Es gibt hier viele Höhlen und mir kann daher nichts geschehen." (Er war auf der Suche nach Antworten und wollte, dass die Geister ihn führten. Danach würde er zu seinem Volk zurückkehren und ihm seine Einsichten mitteilen.) „Dies ist unser Land," sagte Crazy Horse, „deshalb handle ich so."

Anfang Mai kehrten wir zum Fort Robinson zurück. Einige Tage nach unserer Ankunft hörten wir, dass Crazy Horse und sein Stamm unterwegs zum Fort seien. Red Cloud sandte ihm Männer entgegen, um ihn zu begleiten. Sie trafen ihn an den

Hängen, die Sits with Young One genannt werden und auch unter dem Namen Pumpkin Buttes bekannt sind. Dort war eine große Ratsversammlung im Gange, an der sie zu Ehren von Crazy Horse teilnahmen. Jeder erwartete, dass Crazy Horse viel zu sagen haben würde. Wenn man in den Krieg zieht, so ist es bei uns Brauch, dass der Krieger seinem Pferd den Schweif hochbindet. Crazy Horse aber sagte nur: „Heute habe ich den Schweif meines Pferdes gelöst, mein Gewehr beiseite gelegt und mich hingesetzt, um auszuruhen." Dann schwieg er und setzte sich. Sie forderten Crazy Horse auf zurückzugehen. Er aber sagte: „Zuerst will ich mich ausruhen. Dann bin ich bereit zu gehen. Aber ehe ich gehe, gebt meinem Volk viel Munition. Ich habe einen Ort als Reservat für mein Volk bestimmt. Die Black Hills gehören meinem Volk. Ich möchte, dass meine Leute dorthin gehen, wenn ich nicht mehr hier bin."

Während des Winters waren Boten von General Crook von Fort Robinson ins Lager von Crazy Horse gekommen und hatten Amnestie versprochen, falls die Sioux sich ergeben und in ihrem Reservat leben würden. Meine Gruppe war einige Tage vor dem Großteil des Volkes angekommen, etwa um den ersten Mai. Crazy Horse und neunhundert seiner Anhänger ergaben sich am 6. Mai 1877 bei Fort Robinson.

Am Abend des folgenden Tages[12], nachdem wir zur Agentur[13] von Red Cloud zurückgekehrt waren, erschienen einige

---

[12] Hier ist zu beachten, dass es sich nicht um den folgenden Tag nach dem 6. Mai handelt, sondern dass inzwischen vier Monate verstrichen sind. Crazy Horse Wollte die Reservation verlassen, wurde aber verhaftet und am 6. September an Captain Kennington und einen Polizisten der Indianer-Agentur (Little Big Man) übergeben.

[13] Als *Agentur* (Indian Acency) bezeichnet man die Vertretung des 1824 geschaffenen BIA (Bureau of Indian Affairs) im Reservat. Die Agenturen waren u.a. für die Verteilung der Rationen verantwortlich und verkörpern bis heute die Präsenz der US Regierung innerhalb der Reservate

Black Elks Vermächtis

Soldaten und brachten Crazy Horse mit. Er ritt ihnen mit etwas Abstand allein voraus. Sie hielten sich nicht lange auf, sondern ritten gleich hinüber zur Soldatenstadt (= Fort). Zusammen mit meinem Vater und vielen anderen folgte ich ihnen, um zu sehen, was sie tun würden.

Als wir ankamen, konnten wir Crazy Horse nicht erkennen, weil er von so vielen Soldaten und Lakota-Polizisten[14] umgeben war. Und um diese Gruppe herum drängten sich viele Leute. Doch ich spürte rasch, dass da drin etwas sehr Schlimmes passierte. Plötzlich waren alle in großer Erregung und ringsum erhob sich ein großes Stimmengewirr. Dann hörte ich eine Stimme in unserer Sprache, die laut rief: „Rührt mich nicht an! Ich bin Crazy Horse!" Und plötzlich ging etwas durch die Menge, wie ein mächtiger Windstoß, der alle Bäume zugleich erschüttert. Jemand dort drin rief etwas anderes – aber um mich herum sagten alle zu einander, er sei wohl krank oder verletzt. Ich hatte Angst, denn alles fühlte sich genau so an, wie an jenem Tag, als wir hinausgegangen waren, um am Greasy Grass zu töten, und mir schien, als könnte die Schlacht jeden Moment erneut losbrechen.

Dann wurde alles wieder ruhig, und jeder schien auf etwas zu warten. Kurz darauf begann die Menge, sich aufzulösen. Alle gingen umher, und ich hörte, dass Crazy Horse nur erkrankt sei und es ihm sicher bald wieder gut gehen werde. Doch es dauerte nicht lange bis wir alle wussten, was da drin geschehen war. Einige unserer Leute hatten es gesehen, und ich werde euch erzählen, wie es sich zugetragen hat.

Sie hatten Crazy Horse zugesagt, sie würden ihm nichts antun, wenn er zur Stadt der Soldaten ginge, um dort mit dem Häuptling der Wasichu[15] zu reden. Doch sie hatten gelogen. Sie führten ihn nicht zu einer Unterredung mit ihrem Häuptling,

---

[14] *Indianerpolizei*, indianische Stammespolizei in den Reservationen der USA; entstand seit Ende der 1870er-Jahre

[15] *Wasichu* ist die Bezeichnung der Lakota für den weißen Mann.

sondern zu dem kleinen Gefängnis mit den Eisenstäben an den Fenstern, denn sie wollten ihn aus dem Weg schaffen. Als er erkannte, was sie taten, da wandte er sich um, zog ein kleines Messer aus seinem Umhang und kämpfte gegen die Soldaten. Doch sein Freund Little Big Man, der uns Jungen vor meinem ersten Kampf beim Angriff auf die Wagen am War Bonnet Creek als tapfer gelobt hatte, hielt Crazy Horse von hinten fest und versuchte, ihm das Messer zu entwinden (vermutlich nicht, weil er sich gegen Crazy Horse stellte, sondern um Schlimmeres zu verhindern; Anm. d. Ü.). Und während sie miteinander rangen, rammte ein Soldat Crazy Horse von schräg hinten das Bajonett durch den Leib, sodass er sterbend zu Boden stürzte. Dann hoben sie ihn auf und trugen ihn ins Büro des Soldatenhäuptlings. Die Soldaten standen alle außen um das Büro herum und ließen niemand hinein, sondern schickten alle weg. Mein Vater und ich gingen zurück zu unserem Lager bei der Agentur von Red Cloud.

In dieser Nacht begann jemand zu wehklagen. Dann waren es mehrere und immer mehr bis schließlich das ganze Lager klagte. Crazy Horse war tot. Er war erst etwa 35 Jahre alt gewesen. Ein tapferer, guter und weiser Mensch. Nie hatte er etwas anderes gewollt, als sein Volk zu retten. Er hatte nur gegen die Wasichus gekämpft, wenn sie kamen, um uns in unserem eigenen Land zu töten. Im Kampf konnten sie ihn nicht töten. Sie mussten ihn belügen und hinterrücks ermorden. Ich weinte die ganze Nacht hindurch und mein Vater auch.

Als es wieder Tag war, brachten die Eltern von Crazy Horse den Leichnam in einem Wagen zu unserem Lager herüber. Sie legten ihn in eine Kiste, befestigten diese Kiste auf einem Travois[16] und gingen in Richtung Nordosten davon. Ich sah, wie

---

[16] Ein Schleppgestell aus zwei langen, gekreuzten Stangen mit Querverbindungen, das ursprünglich von einem Hund, später in entsprechend größerer Ausführung von einem von einem Pferd gezogen wurde.

die beiden alten Leute einsam mit dem Leichnam ihres Sohnes davonzogen, und ich werde den Anblick nie vergessen.

Linda L. Stampoulos

Obiges Bild zeigt die Reproduktion einer Illustration aus Frank Leslie's „Illustrated Newspaper" vom 17. Oktober 1877. Zu sehen ist eine Gruppe indianischer Männer und Frauen, die dem Leichnam von Crazy Horse folgen, als seine Eltern sich mit ihm auf den Weg zur Begräbnisstätte nahe Sheridan, Nebraska, machen. Das Bild wurde zur Verfügung gestellt von der Western History Collection der Denver Public Library, Archivnummer (Call Number) X33723.

Was das bedeutet...

Die Ermordung von Crazy Horse
Der Tod eines Helden

Die Kräfte innerhalb unseres Ringes verändern sich ständig. Daher ist es von entscheidender Bedeutung, dass wir uns jeden Tag Zeit nehmen, um diese Veränderungen einzuschätzen. Als Black Elk seinen Cousin verlor, musste er sich ebenfalls neu orientieren. Oft ging er alleine auf die Plains hinaus, um über all das nachzudenken, was ihm gesagt worden war. Der heilige Ring seiner Vision gab ihm nicht nur die Kraft, den Tod von Crazy Horse hinzunehmen, sondern auch Hoffnung für seine eigene Zukunft. Crazy Horse war noch ein junger Mann gewesen, als er starb. Obwohl es ihm nicht vergönnt gewesen war, den ganzen Kreis von Wintern zu vollenden, so hat er doch so viele heldenhafte Taten vollbracht, dass sich Black Elk nach einigem Nachdenken ermutigt fühlte, seine Mission fortzuführen.

Der heilige Ring als der Kreis von Wintern

Unser heiliger Ring verleiht uns Sicherheit und Geborgenheit, doch Black Elk enthüllt uns noch eine weitere Funktion dieses Symbols. Die Farben des äußeren Reifs seiner bildlichen Darstellung symbolisieren unsere Lebensreise, unseren „Kreis von Wintern". Im Uhrzeigersinn betrachtet stehen diese Farben für die Phasen, die wir im Laufe unseres Lebens durchschreiten. Bei seiner Erörterung der Merkmale des Rings weist Joseph Campbell darauf hin, dass bereits seine Geometrie eine Reise verkörpert. Die Kreislinie beschreibt eine Bewegung: vom Ausgangspunkt weg, nach unten, im Bogen herum und wieder aufwärts zum Ausgangspunkt zurück. Sie versinnbildlicht eine vollständige Reise, doch bei genauerem Hinsehen hat sie weder einen Anfang noch ein Ende.

Der Süden (rot), so erklärt uns Black Elk, ist die Quelle des Lebens, denn dort wohnt die Sonne. Von da aus schreitet der Mensch in Richtung zum Sonnenuntergang seines Lebens. Wenn Menschen und andere Lebewesen älter werden, bewegen sie sich gen Sonnenuntergang, zur Welt jener, die die Erde verlassen haben oder noch nicht geboren worden sind. Der Westen (schwarz) ist die stärkste Kraftquelle – vielleicht weil der Mensch mit den Jahren an Weisheit gewinnt. Mit fortschreitendem Alter nähert man sich dem kälteren Norden (weiß) und dem weißen Haar. Und wenn der Mensch lange genug lebt, erreicht er dann nicht die Quelle des Lichtes und der Erleuchtung, die der Osten (gelb) darstellt? Und indem er den Kreis mit der Sonne vollendet, kehrt er nicht dorthin zurück, von wo er kam, um schließlich sein Leben an alles Leben zurückzugeben und seinen Leib der Erde, von der er kam?

Weiter erläutert er, dass der Mensch bei seiner Geburt vierbeinig ist, da er als Kind auf allen Vieren kriecht, ehe er gehen kann. Dann ist er lange Jahre zweibeinig und geht stark und aufrecht durch das Leben. Im Alter schließlich wird er dreibeinig, indem er einen Stock benutzt, der ihm hilft, seine Lebensreise zu vollenden.

Crazy Horse ist es nicht vergönnt gewesen, den ganzen Kreis von Wintern zu vollenden. Wie so viele andere in dieser unruhigen Zeit wurde er in der Blüte seines Lebens dahingerafft. Die weißen Goldsucher und Siedler drangen in die Black Hills vor, und die US-Kavallerie wurde entsandt, um sie zu beschützen.

Einen Monat nach der Schlacht am Little Bighorn wurde ein Gedenkgottesdienst für General George Armstrong Custer gehalten. Auszüge aus den Trauerreden erschienen in der New York Times vom August 1876:

„Ich kann aus meiner Rede nicht ganz die Erinnerung an jene edlen Brüder ausschließen, die auf dem gleichen blutigen Feld gefallen sind, ein Aufgebot der Jugend, der Schönheit und der Kraft. Er hat über vierzehn Jahre seines Lebens in den Dienst der Verteidigung seines Volkes gestellt. Dies waren gewiss auch gute Jahre im Leben unseres Heldensohns, ein silberner Glanz auf der dunklen Wolke, die das einst glückliche Leben nun umhüllt. Und dann fegt plötzlich durch die offenen Fenster der Seele die Verzweiflung herein, die sich über sein fernes Elternhaus legt, auf des Vaters Fürsorge, der Mutter Liebe. Und hoch droben, jenseits des gewölbten Blaus, steigt nun ein stummes Gebet zum Himmel empor. Die Seele ist zu Gott zurückgekehrt, der sie gegeben hat."

Hätte man nicht die gleichen Worte sprechen können, wenn es einen Trauergottesdienst für Crazy Horse gegeben hätte und für seine Leute, die am Little Bighorn gefallen sind? Der Schmerz des Todes und des Verlustes ist auf beiden Seiten einer Schlacht zu spüren. Doch die Folgen dieser Schlacht reichten viel weiter. Der Ruhm und das Ansehen von Custer und seinem 7. Kavallerieregiment lösten eine bis dahin ungekannte Vergeltung aus. Der Kampf um die Eroberung des Westens wurde von da an mit einer Leidenschaft geführt wie niemals zuvor. Wie es in den Trauerreden weiter heißt:

„Er erfüllte seine Pflicht mit einer Leidenschaft und Entschlossenheit, die seinem Andenken den unauslöschlichen Stempel des Ruhmes aufprägen. Erfüllt von kämpferischem Geist und ohne Furcht vor der Gefahr, bewahren ihn Freund und Feind in höchster Achtung. Kein Wunder, dass jene, die einst gegen ihn standen und die Macht seines erhobenen Armes spürten, heute um das Privileg bitten, seinen Tod rächen zu dürfen."

Linda L. Stampoulos

Nach der Schlacht am Little Bighorn und dem Tod von Crazy Horse begannen die Stämme, sich zu zerstreuen. Black Elk und seine Familie schlossen sich Sitting Bull und Gall an und suchten Zuflucht in Kanada. Wir setzen unsere Reise fort, indem wir uns damit befassen, welche Folgen diese Zersplitterung des Volkes hatte.

Black Elks Vermächtnis

Joseph K. Dixon gab diesem Foto den Titel "Das Winter-Sakrament". Black Elk berichtet, dass der Winter extrem kalt war und das Wild knapp. Das Bild wurde zur Verfügung gestellt von der Western History Collection der Denver Public Library, Archivnummer (Call Number) Z3156.

Linda L. Stampoulos

Das Foto zeigt Sitting Bull und Mitglieder seiner Familie. Nach dem Tod von Crazy Horse suchte er zusammen mit Gall und ihren Anhängern Zuflucht in Kanada. Das Bild wurde zur Verfügung gestellt von der Western History Collection der Denver Public Library, Archivnummer (Call Number) X31936.

Cokatakiya

Finde deinen Mittelpunkt

Ausdruck der inneren Harmonie

"Meine Mandalabilder waren Kryptogramme über den Zustand meines Selbst, die mir täglich zugestellt wurden. Ich sah, wie das Selbst, d. h. meine Ganzheit, am Werke war. [...] Ich hatte das deutliche Gefühl von etwas Zentralem, und mit der Zeit gewann ich eine lebendige Vorstellung des Selbst."

"Erinnerungen, Gedanken und Träume von C. G. Jung", Hrsg. A. Jaffé

"Ihr Grundmotiv ist die Ahnung eines Persönlichkeitszentrums, sozusagen einer zentralen Stelle im Inneren der Seele, auf die alles bezogen, durch die alles geordnet ist, und die zugleich eine Energiequelle darstellt. Die Energie des Mittelpunktes offenbart sich im beinahe unwiderstehlichen Zwang und Drang, das zu werden, was man ist, wie jeder Organismus annähernd jene Gestalt, die ihm wesenseigentümlich ist, unter allen Umständen annehmen muss. (...) Obschon das Zentrum einerseits einen innersten Punkt darstellt, so gehört zu ihm andererseits auch eine Peripherie oder ein Umkreis, der alles in sich enthält, was zum Selbst gehört, nämlich die Gegensatzpaare, welche das Ganze der Persönlichkeit ausmachen."

Carl Gustav Jung, "Über Mandalasymbolik" in GW 9, „Archetypen des kollektiven Unbewussten", §634

Finde deinen Mittelpunkt

Nach der Schlacht am Little Bighorn wurden die Stämme erbarmungslos verfolgt und dazu gezwungen, sich in den Reservaten anzusiedeln. Jene, die sich weigerten, gingen auseinander und verbargen sich. Damals mussten sie ihre traditionelle Lebensweise aufgeben. Fortan konnten sie nicht mehr gemeinsam ein Lager errichten, um für die Alten und die kleinen Kinder zu sorgen, um ihre Trommeln erklingen zu lassen und um gemeinsam zu singen und zu tanzen. Was einst ihre Stärke ausgemacht hatte, war nur noch im Verborgenen möglich. Einst war der Klang der Trommel über weite Entfernungen zu hören gewesen. Nun war ihr Herzschlag verstummt und viele der Indianer mussten nach Kanada fliehen.

Diese Zersplitterung des Volkes ist ein musterhaftes Beispiel für den Verlust des Mittelpunkts, den Verlust des gemeinsamen Zentrums eines Volkes. Auf der Ebene des Einzelnen hat Black Elk immer wieder die Bedeutung des heiligen Ringes betont und insbesondere die seines Mittelpunktes.

In den ersten Kapiteln dieses Buches wurden Sie dazu aufgefordert, die Kräfte, mit denen Sie täglich konfrontiert sind, zu ordnen und zu koordinieren. Es wurde Ihnen empfohlen, die negativen Kräfte so weit als möglich vom Zentrum entfernt nahe der Peripherie Ihres Ringes zu platzieren. Dadurch soll verhindert werden, dass diese Kräfte die Energie des Zentrums – der Quelle der psychischen Kraft – anzapfen. Bevor Sie diese Kräfte innerhalb Ihres Rings anordnen konnten, mussten Sie ermitteln, ob sie positiver oder negativer Natur sind. Je positiver eine Kraft, desto näher am Mittelpunkt wurde sie gruppiert.

Hier jedoch gelangen das Denken und der Einfluss des Verstandes an ihre Grenzen. Campbell erinnert uns daran, dass das Gehirn ein sekundäres Organ ist und sich daher keine Führungsrolle anmaßen darf. Es muss sich einordnen und der

Ganzheit des natürlichen Wesens dienen. Wenn man sich seinem wahren Zentrum nähert, kann der Verstand den einzelnen Elementen keinen Wert mehr zuweisen; da dort weder positive noch negative Kräfte vorherrschen. Erreicht man den wahren Mittelpunkt seines Wesens, so tritt man in psychische Verbindung zu etwas, das größer ist als man selbst. Ein Strom der Energie fließt von unten nach oben durch diesen Mittelpunkt, die Axis mundi. Der Strudel positiver und negativer Kräfte wirbelt auch weiterhin innerhalb des Rings herum. Doch derjenige, der sein Zentrum gefunden hat, lässt diesen Denkprozess hinter sich zurück und beginnt das zu empfinden, was Campbell das Gefühl für das Göttliche in allem („thou" feeling) nennt.

Findet man seinen Mittelpunkt, so wird er zu einer Quelle psychischer Energie, und man steht im Einklang mit den Unabänderlichkeiten seines Lebens. Dann lebt man mit einem Wissen um das Geheimnis des Daseins, das uns Energie und ein neues Gleichgewicht beschert. Die Ängste verschwinden allmählich und die positiven Werte werden immer deutlicher. Solange man das Zentrum nicht gefunden hat, führt man ein zerrissenes Leben und hört mehr auf das System, von dem man beherrscht wird, als auf sich selbst.

Wir sind ja so sehr daran gewöhnt, nach den Regeln eines Systems zu leben. Doch die Forderungen dieses Systems können einen verschlingen und dazu führen, dass man seine Menschlichkeit verliert, warnt Campbell. Dieses System können wir nicht immer ändern, räumt Campbell ein, er rät uns jedoch, einen Weg zu finden, wie wir als menschliches Wesen darin leben können. Dies ist nach seinen Worten dadurch zu erreichen, dass wir uns den unpersönlichen Forderungen des Systems verweigern. Wer sich hingegen den eigenen spirituellen Bedürfnissen und der Stimme seines Inneren verschließt und darauf beharrt, nach starren Prinzipien zu handeln, der zwängt sich selbst in das Schema eines programmatischen Lebens, das seinem wahren Wesens absolut nicht entspricht.

Jung erklärt, dass im Zentrum des Kreises bewusste Selbsterfahrung und Gleichgewicht liegen. Er geht davon aus, dass jeder Mensch einen angeborenen Drang hat, diese Harmonie anzustreben, die durch eine psychische Verbindung das Bewusstsein mit dem persönlichen Unbewussten in Einklang bringt.

Haben Sie je solch eine psychische Verbindung erlebt? Es ist die Verbindung zu etwas, das größer ist als man selbst. Vielleicht haben Sie es schon erlebt, ohne sich dessen recht bewusst zu sein. Oft kommt diese Verbindung oder Kommunikation durch Vermittlung der Sinne zustande. Es könnte das Gefühl sein, das in Ihnen aufsteigt, wenn Sie einen einsamen Strand entlanggehen, die Kraft des Windes spüren oder einen Geruch wahrnehmen, der eine vergessene Erinnerung wachruft. Und plötzlich hat man das Gefühl einer Verbindung und muss die Existenz von etwas anerkennen, das schon vor uns war und doch noch immer als dominierende Kraft fortwirkt. Dieses Erlebnis verbindet Sie mit der kollektiven Kraft all jener, die vor Ihnen den Weg gegangen sind, und jener, die noch nicht geboren wurden. Black Elk machte diese Erfahrung während der Gewitter und während des Tanzes. Es begann mit dem Sonnentanz und führte schließlich zum Gost Dance. Im nächsten Rückblick berichtet er von seinen Jahren mit Sitting Bull und Gall.

Linda L. Stampoulos

Was damals geschah...

Rückzug nach Kanada mit Sitting Bull und Gall Die Zersplitterung des Volkes

Immer wieder dachte ich über meine Vision nach und fragte mich, wann die Zeit kommen würde, meine Aufgabe zu erfüllen. In diesem Winter zogen wir mit Sitting Bull und Gall hinauf nach Kanada. Wir blieben dort den ganzen Winter hindurch bis zum Frühjahr. Ich war nun fünfzehn Jahre alt und wir waren immer noch in Kanada. Im Juni 1878 hielten Sitting Bull und Gall bei Forest Butte in Kanada einen Sonnentanz ab.

In seinem Bericht über den Sioux-Aufstand gibt James Mooney folgende Beschreibung:
Verfolgt von General Terry, gelang es Sitting Bull und seinem Stamm, nordwärts nach Kanada zu entkommen, wo sie bis 1881 blieben. Dann ergaben sie sich durch Vermittlung der kanadischen Behörden, nachdem ihnen Amnestie zugesichert worden war. Um in Kanada ihr Leben bestreiten zu können, hatten seine Leute fast all ihre Habe verkaufen müssen, selbst ihre Feuerwaffen. Und so kehrten sie verarmt in ihre alte Heimat zurück.

Black Elk setzt seinen Bericht fort:
Wir hatten unser Lager immer noch in Kanada. Eines Tages ging ich zusammen mit meinem Vater vom Clay Creek zum Little River Creek auf die Jagd, wo wir ein Camp einrichteten. Wir hatten nichts zu essen, denn es war Winter und weit und breit war kein Wild zu sehen. In jener Nacht litten wir starken Hunger und zudem war es bitterkalt. Es sah aus, als müssten wir bald verhungern, falls wir nicht rasch Wild aufspürten. Alle waren niedergeschlagen. Wir machten uns einen kleinen Wetterschutz

und entzündeten ein Feuer darin. Während ich dort unter meinem Bisonfell lag, begann in der Nähe ein Kojote zu heulen und plötzlich wusste ich, dass er mir etwas mitteilte. Er sprach keine Worte und doch war seine Botschaft klarer als alle Worte: „Zweibeiner, auf diesem Bergrücken westlich von euch sind Büffel. Aber vorher sollt ihr noch zwei andere Zweibeiner treffen." Da sagte ich zu meinem Vater: „Vater, hast du diesen Kojoten heulen gehört? Er hat mir kundgetan, auf dem Bergrücken westlich von uns seien Büffel. Aber vorher sollen wir noch zwei andere Zweibeiner treffen. Also lass uns morgen zeitig aufstehen, Vater."

Damals hatte mein Vater schon bemerkt, dass ich über ungewöhnliche Kräfte verfügte, und so vertraute er mir. Der Morgen war bitterkalt und es schneite. Ehe wir den Kamm erreichten, sahen wir bei ein paar Büschen die verschwommenen Umrisse zweier Pferde im Schneetreiben. Sie standen dicht zusammengedrängt vom Wind abgewandt und ließen die Köpfe hängen. Als wir näher kamen, erkannten wir zwischen den Büschen ein Zelt aus Büffelfell, und darin saßen ein alter Mann und ein Junge. Beide waren ganz durchgefroren, hungrig und entmutigt. Sie gehörten auch zum Volk der Lakota und waren froh, uns zu sehen. Aber sie fühlten sich schwach, denn sie saßen schon zwei Tage hier draußen und hatten außer Schnee nichts gesehen. Wir richteten unser Lager bei ihnen im Schutz der Büsche ein. Dann stiegen wir alle zusammen auf den Kamm hinauf, um Ausschau zu halten. Man konnte meilenweit sehen, doch nirgends war eine Spur von einem Büffel zu erkennen. Dann schlossen die Schneewirbel uns wieder ein. Wir warteten im Windschutz, bis das Treiben vorbei war, um wieder freie Sicht zu haben. Plötzlich öffneten sich die Schleier etwas, und wir sahen den Kopf eines zottigen Bullen aus dem Schneegestöber auftauchen. Dann folgten ihm sieben weitere Büffel. Sie konnten uns nicht sehen. Und da sie mit dem Wind zogen, konnten sie uns auch nicht wittern.

Wir erhoben uns und sprachen Gelöbnisse nach den vier Himmelsrichtungen, indem wir sagten: „Haho, haho." Dann holten wir unsere Pferde aus dem Dickicht und begaben uns zu einer Stelle, an der die mit dem Wind ziehenden Büffel vorbeikommen mussten. Die beiden alten Männer sollten zuerst schießen, dann würden wir zwei Knaben die Büffel zu Pferd verfolgen. Die Männer pirschten sich an und schossen, aber sie waren so starr von der Kälte und vielleicht auch aufgeregt, dass sie nur einen Bison erlegten. Sie riefen: „Hoka!" und wir Jungen preschten den anderen Bisons hinterher. Sie hatten nur einen Büffel erbeutet und wir verfolgten alle übrigen. Der Schneesturm dauerte unvermindert an. Die Büffel warfen sich herum und galoppierten in ihren eigenen Spuren zurück. Damit bahnten sie einen Weg im tiefen Schnee und unsere Pferde konnten ihnen leichter folgen. Ich saß ab, nahm mein Gewehr und erlegte vier Büffel. Doch das Gewehr fror im Nu an meinen Fingern fest, und der andere Junge musste mir helfen, es aus meiner Hand zu lösen. Als wir es geschafft hatten, rieb ich die Hände mit Schnee ab.

Wenn wir mehr Fleisch machen, als wir transportieren können, dann legen wir für gewöhnlich ein Depot an. Den nächsten Tag verbrachten wir damit, die Tiere zu zerlegen und das Fleisch gerecht zu verteilen. Es war noch nicht gefroren, doch während wir es auf die Pferde luden, begann es schon zu gefrieren. Wir machten nur eine Rast an jenem Tag und etwa gegen Sonnenuntergang erreichten wir unser Dorf. Die Leute waren froh, uns mit all dem Fleisch zu sehen.

Am Tag nach unserer Rückkehr ging ich hinaus, um nach den Pferden zu schauen, die sich in einer von Pappeln[17] bestandenen Senke aufhielten. Fünf von ihnen waren erfroren. Nachdem der Wind abflaute, wurde die Kälte noch schlimmer. Wir hatten

---

[17] Cottonwood („Raschelnder Baum", can wakan).– eine große Pappelart, die den Indianern heilig ist. Die Rinde ihrer Zweige diente ihren Pferden im Winter als Nahrung.

Heimweh nach unserem eigenen Land, in dem wir glücklich gewesen waren. Die Alten redeten viel von diesem Land und von den guten Zeiten, ehe all das Unglück über uns gekommen war.

Danach geschah nichts Wichtiges mehr. Im Frühjahr 1880 brachen wir unser Lager ab. Alle unsere Pferde waren in der Kälte umgekommen und die meisten von uns mussten zu Fuß gehen. In meiner Gruppe waren noch sechs Männer und zwei Frauen. Das ganze folgende Jahr hindurch habe ich nicht mehr an meine Vision gedacht. Wir machten uns auf den Weg zurück in die Vereinigten Staaten, da wir es müde waren, in Kanada zu leben. Bei uns war ein Medizinmann mit dem Namen Chased by Spiders. Wir gelangten zum All Gone Tree Creek. Früher hatte es dort Wald gegeben, doch die Soldaten haben alle Bäume gefällt, und deshalb heißt der Bach jetzt so (Alle-Bäume-sind-verschwunden-Bach; d.Ü.). Das war ganz in der Nähe von Poplar, Montana.

Auch der Stamm der Assiniboines[18] machte sich nun auf den Heimweg und brachte uns viele Geschenke und Nahrungsmittel. Am folgenden Tag gingen wir zurück zur Assiniboines Agentur, wo uns die Indianer noch viel zu essen gaben. Von der Fort Peck Agentur bei Poplar River, Montana, zogen wir dann flussab.

Als ich von meiner großen Reise zurückkehrte (zwischen 1886 und 1889 reiste Black Elk mit Buffalo Bill und seiner Truppe durch Europa, Anm. d. Ü.), fand ich mein Volk in Not. Ehe ich aufgebrochen war, hatten einige noch kräftig ausgesehen, doch als ich zurückkehrte, boten alle einen Mitleid erregenden Anblick. Sie hatten großen Hunger gelitten.

Im Herbst hörte ich, dass drei Männer mit den Namen Kicking Bear, Short Bull und Bear Comes Out losgezogen waren, um den Messias zu sehen. Im Westen gewesen, irgendwo in

---

[18] Die Assiniboines (oder Assiniboin) sind eine Gruppe, die siech in der ersten Hälfte des 17. Jh. von den Yanktonai abgespalten hat. Die Yanktonai wiederum sind einer der sieben Hauptgruppen der Dakota (Sioux Nation), zu denen u.a. auch die Teton zählen (s. Anhang)

Idaho, lebte ein heiliger Mann. Und diese drei waren gegangen, um ihn Mann zu finden. Im darauffolgenden Herbst kehrten sie zurück und berichteten, dass sie den Messias gesehen und sogar mit ihm geredet hatten. Er hatte ihnen einige heilige Gegenstände gegeben. Die drei Männer hatten auch heilige weiße und rote Farbe mitgebracht, die der heilige Mann ihnen gegeben hatte. Sie brachen sie in kleine Stücke und verteilten sie unter dem Volk. Die Leute sagten mir, dass diese Männer den Messias tatsächlich gesehen haben und dass er ihnen all diese Dinge gegeben habe. Sie sollten sich mit dieser Farbe bemalen und eine Ghost Dance abhalten.

Black Elks Vermächtis

Dieses Bild wurde bei Pine Ridge, Süd-Dakota, aufgenommen und zeigt fünf Männer, die möglicherweise zum Stamm von Big Foot gehören. Es wurde zur Verfügung gestellt von der Western History Collection der Denver Public Library, Archivnummer (Call Number) NS187.

Linda L. Stampoulos

Oglala Sioux Tänzer beim Sonnentanz im Pine Ridge Reservat, Süd-Dakota. Das Foto wurde zur Verfügung gestellt von der Western History Collection der Denver Public Library, Archivnummer (Call Number) X31670.

Was das bedeutet...

Rückzug nach Kanada mit Sitting Bull und Gall Die Zersplitterung des Volkes

Der Aufenthalt in Kanada dauerte nicht lange. Die Menschen vermissten ihre Heimat, und nach und nach kehrten Black Elk, Sitting Bull und ihre Leute zurück. Einer nach dem anderen beugte sich dem Druck der Soldaten und ging ins Reservat. Dort mussten sie ihre Lebensweise vollkommen ändern, und fortan waren sie für ihre Ernährung von der Regierung der Weißen abhängig. Sie unterzeichneten Verträge, in denen ihnen Nahrung und andere Vorräte garantiert wurden. Doch auch diese Versprechen wurden gebrochen.

In seinem Bericht an den Assistant Adjutant-General stellte J. H. Hurst von Fort Bennett in Süd-Dakota die Beschwerden der Indianer zusammen. Unter anderem beklagten sie sich darüber, dass die Weißen das Wild getötet oder vertrieben hatten; dass ihnen die Kinder weggenommen und für viele Jahre in Schulen im Osten des Landes gesteckt wurden; dass die jährlichen Warenlieferungen so weit in den Winter hinein verzögert wurden, dass das Volk Not und Mangel litt, und dass sie dazu gedrängt wurden, zu pflügen und Getreide anzubauen, obwohl das Klima dafür ungeeignet ist. Der Bericht stellt weiter fest, dass diese Beschwerden wohl begründet und durch Fakten belegt waren.

Das Leben im Reservat wurde ihnen aufgezwungen. Nachdem sie ihr ganzes Leben lang als Büffeljäger dem Wild gefolgt waren, hatten die Indianer große Mühe, sich dieser neue Lebensweise anzupassen. Hungrig, hoffnungslos und niedergeschlagen bemühten sich Black Elk und sein Volk vergeblich, einen neuen Mittelpunkt für ihr Dasein zu finden. Black Elk sagte: „Zu der Zeit war mir klar, dass der Ring zerbrochen und alles zersplittert war. Ich wollte mich mit all meinen Kräften darum bemühen, mein Volk wieder im Ring zu vereinen."

Dann kam die Nachricht von einem Messias, einem Paiute-Indianer namens Wovoka[19], der eine neue Religion lehrte: die Gost-Dance-Religion. Kicking Bear organisierte den ersten Ghost Dance im Rosebud und im Pine Ridge Reservat. Später ging er auf Einladung von Sitting Bull nach Standing Rock, um den Tanz auch in diesem Reservat feierlich einzuführen.

Black Elk war begeistert von dem neuen Tanz und reiste nach Manderson, um ihm beizuwohnen. Er erkannte darin viele Elemente aus seiner Vision wieder. Die Teilnehmer tanzten in einem Kreis, in dessen Mitte eine Pappel stand. „Sie hatten einen heiligen Baum im Mittelpunkt", berichtet Black Elk. „Sie tanzten im Kreis darum herum und es war mir klar, dass dieser Kreis mein heiliger Ring war. In seinem Mittelpunkt stand die exakte Wiedergabe meines Baumes, der nicht mehr blühen wollte. Da kam mir der Gedanke, dass vielleicht diese neue Kraft den Baum wieder zum Blühen bringen und das Volk erneut im heiligen Ring vereinen könnte." Damit erkannte Black Elk eine Verbindung zu seiner Vision. Er entdeckte eine Chance, den vor so langer Zeit empfangenen Auftrag seiner Vision zu erfüllen.

Oft beginnen wir gerade in Zeiten tiefster Verzweiflung, uns nach innen zu wenden und die Energie unseres Zentrums zu entdecken – gerade in Zeiten, wenn wir es am wenigsten erwarten und es für ausgeschlossen halten. Plötzlich wird diese Energiequelle angezapft – ohne dass man so recht weiß wie – und die Menschen vollbringen die erstaunlichsten Dinge.

Man könnte sagen, dass der Ghost Dance für die Indianer eine letzte Chance auf neue Hoffnung in diesen finsteren Zeiten war. Da sie das System nicht ändern konnten, hatten sie einen Weg gefunden, um innerhalb des Systems zu ihrem Zentrum zu gelangen – genau so, wie Campbell es uns empfiehlt. Sie waren

---

[19] Die Weißen nannten ihn Jack Wilson

sogar damit einverstanden, nur ein paar Mal in der Woche zu tanzen. Doch ihre enthusiastischen Feiern und das Versprechen einer Rückkehr zu den alten Lebensweisen empfanden die Soldaten als eine ernste Bedrohung.

Weckt man in jemand neue Hoffnung und weist ihm einen Weg, so verleiht man ihm damit ungeahnte Kraft. Egal ob auf individueller Ebene oder – wie im Falle von Black Elk – auf Stammesebene, die Energie spendenden Kräfte sind dieselben. Wenn wir mit jenen „Geistern" in Verbindung treten oder mit den Kräften jener, die den Weg vor uns gegangen sind, dann holen wir sie dadurch zurück. Sie kämpfen dann an unserer Seite, beleben die beinah vergessenen Träume und lassen die verlöschenden Signalfeuer neu entflammen. Und wieder tauchen Black Elks Spuren vor uns auf und weisen uns einen Weg zu innerer Kraft. Einen Pfad, der uns vom „Ort wo das Weinen beginnt" wegführt und hin zu einem Land, wo der Büffel wieder frei über die Prärie streift und der Adler hoch über der Regenbogenpforte kreist.

Das Bild zeigt den Prozess gegen Sitting Bull in der Standing Rock Agentur, Nord-Dakota. Er wurde beschuldigt, die Crows zu einem Kriegszug aufgehetzt zu haben. Zahlreiche Mitglieder seines Stammes versammelten sich um die drei Männer, die hinter dem Tisch sitzen (von links nach rechts): Colonel Townsend, 12. Infanterie; Colonel Barrister (mit grauer Melone) und Commissioner James McLaughlin. McLaughlin war am 27. Oktober 1881 von Präsident Chester A. Arthur zum Beauftragten für die Standing Rock Agentur ernannt worden. Um Sitting Bulls Einfluss auf die Indianer zu untergraben, versuchte er, einen Keil zwischen Sitting Bull, Gall und andere zu treiben. Das Foto wurde zur Verfügung gestellt von der Western History Collection der Denver Public Library, Archivnummer (Call Number) B751

Black Elks Vermächtnis

Drei Führer der Ghost Dance Bewegung, aufgenommen vor einem Planwagen in der Pine Ridge Agentur in Süd-Dakota (von links nach rechts): Häuptling Kicking Bear mit Lendentuch, Hemdbluse, Weste und auf die Erde gelegter Decke, Häuptling Young Man Afraid of His Horses und Standing Bear, der eine zeremonielle Pfeife hält. Kicking Bear galt als der "Oberpriester der Ghost-Dance-Religion unter den Sioux" und hat auf Einladung von Sitting Bull den Ghost Dance im Standing Rock Reservat eingeführt. Das Foto wurde zur Verfügung gestellt von der Western History Collection der Denver Public Library, Archivnummer (Call Number) X31367.

Can Wakan

Nähre den heiligen Baum

Lass mich dir erzählen, warum wir die Pappel für so heilig halten:

Vor langer Zeit war es die Pappel, die uns gelehrt hat, unsere Tipis zu bauen, denn ihr Blatt ist ein exaktes Muster des Tipis. Weiterhin haben wir die Pappel deshalb als Zentrum unseres Zeltrings ausgewählt, weil der Große Geist uns gezeigt hat, dass ein Querschnitt durch einen der oberen Zweige der Pappel einen vollkommenen fünfzackigen Stern enthüllt, der für uns die Gegenwart des Großen Geistes verkörpert. Es ist der heilige Morgenstern, der zwischen der Dunkelheit und dem Licht steht und dadurch Erkenntnis und Wissen symbolisiert. Und dann ist dir vielleicht aufgefallen, dass man selbst beim leisesten Windhauch die Stimme der Pappel vernehmen kann. Für uns ist das ihr Gebet zum Großen Geist. Denn nicht nur wir Menschen, sondern alle Lebewesen und alle Dinge beten zu ihm – jedes auf seine Weise.

Black Elk zu Joseph Epes Brown

„Die heilige Pfeife"

Linda L. Stampoulos

Nähre den heiligen Baum

Black Elk bezog sich immer wieder auf den heiligen Baum seiner Vision und betonte stets, wie wichtig es ist, ihn zu nähren. Er wusste, dass es für den Menschen essenziell ist, Verbindung zu seinem inneren Selbst zu finden und seine Dimensionen auszuloten. Es gilt, das wahre Selbst zu finden und zu erforschen. Doch mehr noch: Man muss dieses Selbst nähren und fördern, damit es wächst und blüht. Das ist keine einfache Aufgabe. Es erfordert den Mut einer tiefen Überzeugung und eine Entschlossenheit, die angesichts der Anforderungen dieser Welt nur zu leicht verloren geht.

Unlängst wurde in einem Artikel der Agentur Associated Press berichtet, wie die Jersey Freimaurer versuchen, neue Mitglieder zu gewinnen. „Wir sind keine Geheimorganisation", hatte der Großmeister betont, „sondern eine Organisation mit einigen Geheimnissen." Ähnlich verhielt es sich mit den Mitgliedern der Sioux Nation während ihrer Zeit im Exil. Sie hielten entschlossen an ihrer traditionellen Lebensweise fest. Da diese aber für die eindringenden weißen Siedler eine Bedrohung darstellte, waren auch sie gezwungen, eine „Organisation mit einigen Geheimnissen" zu werden.

Zu den faszinierendsten Geheimnissen oder Kräften, die in jener Zeit auftauchten, zählte die Nachricht von einem Messias, einem Führer, der versprach, ihre Kultur neu zu beleben und sie vom Joch der Gefangenschaft im Reservat zu befreien. Wie ein Lauffeuer verbreiteten sich die Berichte über den Paiute-Indianer Wovoka, dessen Visionen alle begeisterten, die sich nach Freiheit sehnten. Man erzählte von seinen Kräften, Wunder zu tun und selbst Tote wieder zum Leben zu erwecken. Er verband Christentum und Peyote-Mystizismus und schuf daraus die Ghost-Dance-Religion.

Seine Lehren eröffneten den Leuten einen Weg, um mit

ihrem wahren Selbst in Verbindung zu treten. Der Glaube an Wovokas Lehren verlieh ihrem Leben neuen Sinn und neue Schöpferkraft. Die Metapher des Baumes verkörperte eine Renaissance, die unmittelbar bevorstand. Jeder konnte das spüren und jeder glaubte daran.

Der Baum bildete den Mittelpunkt ihres Tanzes und er wurde genährt durch die Energie ihrer Zentren. Seine Kraftlinien liefen von unten nach oben und schufen eine Verbindung mit der Kraft und der Energie des kosmischen Mittelpunkts. Er war *wakan* (heilig) und stand in höchster Ehre. Stets war es eine Pappel, die als Mittelpunkt für den Tanz ausgewählt wurde, auch für den Sonnentanz.

Der Brauch eines Reigentanzes um einen Baum ist in vielen Kulturen verbreitet. In Teilen des deutschsprachigen Raums ist es Brauch, am Abend vor dem 1. Mai auf dem Dorfplatz einen Maibaum aufzustellen, einen gerade gewachsenen, hohen Baum, der mit einem Kranz und bunten Bändern geschmückt wird. Beim traditionellen Tanz um den Maibaum steht sich eine gerade Zahl von Tänzern gegenüber. Sie halten je eines der Bänder und tanzen wechselnd im und entgegen dem Uhrzeigersinn um den Baum herum, sodass aus den Bändern ein kunstvolles Geflecht entsteht. Die Grundelemente sind in allen Kulturen die gleichen: eine Feier, ein Rundtanz und ein Baum im Mittelpunkt.

Joseph Campbell schreibt, dass das Symbol des Baumes in zahlreichen Religionen anzutreffen sei. Christus ist am Baum des Kreuzes gestorben, Buddha hat unter dem Baum der Erkenntnis und des ewigen Lebens seine Erleuchtung erlangt. Diese Bildersprache weist darauf hin, dass es eine höhere Ebene gibt und dass der Körper bloß ein Vehikel ist. Für Campbell ist es klar, dass Black Elks Vision Teil einer „schamanistischen Erfahrung" war. Für den Schamanen birgt alles in der sichtbaren Welt eine unsichtbare Lebenskraft. Und diese Lebenskraft wird als die göttliche Kraft verstanden, die alles durchdringt. Die Erkenntnis, dass Leben Kraft bedeutet, ist eine schamanistische

Erkenntnis.

Eine weitere Interpretation der Metaphorik des Baumes und des schamanistischen Mysteriums wird von Joan Halifax vorgebracht. Danach ist der „kosmische Baum" aus den Träumen und Visionen der Schamanen ein Symbol der ewigen Erneuerung. Es ist dieser Baum mit seinem Leben spendenden Saft, der alle Bereiche miteinander verbindet: Die Wurzeln durchdringen die Tiefen der Unterwelt, sein Stamm steigt durch die Mittelwelt empor und seine Krone umfasst den Himmel. Dieser mächtige Baum steht im Zentrum des Universums und lenkt den Blick himmelwärts zum Ewig-Heiligen.

Auf einer persönlichen Ebene steht der Baum für das Potenzial eines Menschen. Da er aus dem Zentrum sprießt, verkörpert er den wahren Kern seiner Lebensbestimmung. Ihn zu nähren und zur „Blüte" zu bringen wird zu einem Prozess der Selbsterkenntnis und bringt uns in Kontakt mit der wahren Bedeutung und Bestimmung unseres Lebens. Für das Volk von Black Elk verhieß die Ghost-Dance-Religion eine Rückkehr zur traditionellen Lebensweise und jedem Einzelnen versprach sie die Rückkehr zu einem Leben in Selbstachtung und Erfüllung. Im folgenden Rückblick berichtet Black Elk über den Ghost Dance und die Tragödie, zu der diese Religion führen sollte.

Was damals geschah...

Die Ghost-Dance-Religion und das Wounded-Knee-Massaker Blut befleckt den heiligen Baum

Black Elk schildert die Suche nach dem Messias und seine eigene Rolle in der Ghost-Dance-Religion. Und er berichtet über das Wounded-Knee-Massaker.

Die Leute erzählten mir, dass die drei Männer Kicking Bear, Short Bull und Bear Comes Out den Messias tatsächlich gesehen haben und dass er ihnen heilige Gegenstände mitgegeben habe. Er hatte ihnen gesagt, sie sollten sich mit dieser Farbe bemalen und einen Ghost Dance abhalten. Dadurch würden sie sich selbst erretten, hatte er versprochen, und dass eine andere Welt kommen werde – eine Welt nur für die Indianer. Aber wenn man in diese andere Welt gelangen wolle, dann müsse man mit dieser Farbe bemalt sein – das ganze Gesicht und der Kopf. Dann werde der Ghost Dance einen in diese andere Welt hinüberführen, in der die Weißen keine Macht haben. In dieser anderen Welt werde es reichlich Fleisch geben – wie in der guten, alten Zeit – und alle Toten werden dann wieder leben und alle erlegten Büffel werden wieder über die Prärie ziehen. Wie eine Wolke werde diese neue Welt heraufziehen. Die Farbe und der Ghost Dance werden alle wieder auf den roten Pfad führen. Und alle sehnten sich danach, wieder den roten Pfad zu gehen.

Dieser heilige Mann (Wovoka, der Ghost Dance Messias) hatte einem der drei Männer zwei Adlerfedern gegeben und hatte zu ihm gesagt: „Nimm diese Adlerfedern und bewahre sie gut auf, denn durch diese beiden Adlerfedern wird mein Vater dein Volk zu sich zurückführen". Den ganzen Winter hindurch hörte man nichts anderes. Als ich davon vernahm, war ich zunächst beunruhigt. Alles ähnelte so sehr meiner Vision und es sah ganz danach aus, als sollte sie sich nun wirklich erfüllen. Wenn ich mithelfen würde, mit der Kraft, die ich empfangen hatte, dann würde es vielleicht gelingen, den Baum zum Blühen zu bringen und den Ring wieder zusammenzufügen, sodass mein Volk darin gedeihen würde. Das beschäftigte mich sehr. Ich wollte jenen Messias persönlich treffen, um mehr zu erfahren. Dieser Plan festigte sich von Tag zu Tag mehr in meinem Kopf.

Die drei Männer waren im Frühjahr 1890 zurückgekehrt. Ich hörte davon, dass Kicking Bear am Cheyenne Creek, nördlich des Pine Ridge Reservats, den ersten Ghost Dance abgehalten hatte. Aus dem, was man so redete, entnahm ich, dass der Messias der Sohn des Großen Geistes sei, der zu uns gekommen war. Das Nächste, was ich hörte, war, dass sie nun auch unterhalb von Manderson bei Wounded Knee tanzten. Ich wollte mehr darüber erfahren, denn es ließ mir keine Ruhe und etwas befahl mir, dorthin zu gehen. Zunächst zögerte ich eine ganze Weile, doch dann konnte ich mich nicht länger widersetzen. Also stieg ich auf mein Pferd und ritt zu diesem Ghost Dance nahe Manderson, um zuzusehen.

Sie hatten einen heiligen Pfahl in der Mitte und sie tanzten im Kreis. Es war mir klar, dass dieser Kreis mein heiliger Ring war. Und in seinem Mittelpunkt stand die exakte Wiedergabe meines Baumes, der nicht mehr blühen wollte. Mir war, als würde ich meine ganze Vision darin wiedererkennen. Da kam mir der Gedanke, dass vielleicht diese neue Kraft den Baum wieder zum Blühen bringen und das Volk erneut im heiligen Ring vereinen könnte. Je mehr ich darüber nachdachte, desto deutlicher wurde dies. Zudem waren die Dinge, die sie empfangen hatten, heilige Gegenstände und ihre Gesichter waren rot bemalt. Sie hatten die Pfeife und die Adlerfedern. Es war alles wie in meiner Vision. Ich saß da und fühlte mich hilflos und traurig. Dann kam plötzlich eine große Heiterkeit über mich und erfasste mich ganz. Ich sollte der Vermittler für mein Volk sein, doch ich hatte meine Aufgabe

Black Elks Vermächtis

immer noch nicht erfüllt. Konnte es nicht sein, dass dieser Messias auf mich wies und dass er gekommen war, um mich daran zu erinnern, meine Pflicht zu erfüllen und das Volk wieder im heiligen Ring und im Schoß der alten Religion zu vereinen?

Ich erinnerte mich wieder an den Harney Peak in den Black Hills, das Zentrum der Erde. Und ich erinnerte mich daran, dass in meiner Vision die Geister zu mir gesagt hatten: „Junge, sei mutig. Sie werden dich zum Mittelpunkt der Erde bringen." Und als sie mich dorthin gebracht hatten, sprachen sie: „Schau, das ganze Universum und all die guten Dinge auf der Erde. Betrachte alles genau, denn es soll dir gehören." Daraufhin hatte ich gesehen, dass es den Menschen überall gut ging. Und ich erinnerte mich an meine sechs Großväter, die mir verheißen hatten, dass ihre Macht mich zum Mittler meines Volkes auf Erden machen werde. Sie hatten mir gesagt, dass ich alles wissen solle. Daher hatte ich den Entschluss gefasst, die Männer aufzusuchen, die den Messias gesehen hatten. Ursprünglich war ich gekommen, um zu erfahren, was sie gehört hatten. Aber jetzt besann ich mich anders und wollte meine eigene Kraft einsetzen, um das Volk wieder zu vereinen. Der Tanz war für jenen Tag zu Ende. Aber am nächsten Tag sollte ein weiterer Tanz stattfinden, also blieb ich die Nacht über, um wieder dabei zu sein.

Ich dachte an meinen Vater, meine Schwester und meine Brüder, die ich im Jahr zuvor verloren hatte, und ich konnte die Tränen nicht zurückhalten. So legte ich den Kopf in den Nacken, damit sie nicht herunterrannen. Ich war zutiefst traurig und weinte aus ganzem Herzen. Je mehr ich weinte, desto mehr dachte ich an mein Volk. Es lebte in Verzweiflung. Ich dachte an meine Vision und daran, dass mein Volk einen Platz auf dieser Erde haben sollte, an dem es gedeihen und jeden Tag glücklich sein kann. Mein Volk war war den falschen Pfad gegangen und in Not geraten, doch es würde wieder in den Kreis zurückgeführt werden. Unter dem Baum, der nicht blühen wollte, stand ich und weinte, weil ich ihn verdorren sah. Ich weinte und flehte zum

Großen Geist, er möge mir dabei helfen, ihn wieder zum Erblühen zu bringen. Es gelang mir nicht, meine Tränen zu stillen, ganz gleich, wie ich mich auch bemühte.

Dann spürte ich ein eigenartiges Zittern am ganzen Körper, das mir zeigte, dass ich wirklich auf dem richtigen Weg war. Alle kannten meine Kraft, und ich kehrte zu meinem Volk zurück mit dem festen Entschluss, den Baum wieder zum Blühen zu bringen.

Damals herrschte Hunger unter meinem Volk und einige glaubten fest an die Worte des Messias. Sie hofften, das verheißene Land bald kommen zu sehen, damit die Not ein Ende habe. Viele von ihnen wollten mehr darüber wissen. So teilte ich ihnen meine Vision in Liedern mit. Als ich das vierte Mal sang, begannen alle Leute zu weinen, weil der weiße Mann uns das Land unserer Väter weggenommen hatte und wir wie Kriegsgefangene leben mussten.

Ich führte jedes Mal den Tanz an. Bald hatte ich so viel Kraft, dass ich nur im Zentrum zu stehen und den roten Stab zu schwenken brauchte, und schon fielen die Leute, selbst ohne zu tanzen, in Trance und hatten ihre Vision. (Black Elk galt als einer der führenden Ghost Dancer.)

Beim Ghost Dance sollte das Geisterhemd getragen werden. Also begann ich, Geisterhemden zu fertigen. Die ersten beiden Hemden gestaltete ich nach den Bildern meiner Vision. Das erste machte ich für Afraid of Hawk und ein anderes für den Sohn von Big Road. Diese Hemden galten als kugelsicher.

Eines Tages kamen die Häuptlinge Fire Thunder, Little Wound und Young American Horse vom Pine Ridge Reservat herauf zum nördlich gelegenen White Clay Creek. Sie brachten von den Soldaten die Nachricht, dass die Angelegenheit des Ghost Dance untersucht werden solle. Es sollen Bestimmungen dafür erlassen werden, berichteten sie, aber es sei nicht beabsichtigt, uns den Tanz ganz zu verbieten. Wir tanzten damals nahezu jeden Tag. Es hieß, der Regierungsvertreter habe die Bestimmung erlassen, dass wir nur noch an drei Tagen im Monat

Black Elks Vermächtis

tanzen dürfen. In der übrigen Zeit sollen wir arbeiten, um unseren Lebensunterhalt zu verdienen. Das war alles, was er ihnen gesagt hatte. Als diese Männer die Nachricht überbracht hatten, waren wir alle zufrieden und damit einverstanden, entsprechend zu handeln.

Früh am Morgen verkündete der Ausrufer, dass wir eine Ratsversammlung mit den Brulés[20] abhalten würden. Als das Volk sich versammelt hatte, sprach ich zu den Leuten und sagte: „Meine Brüder und Schwestern, wir haben ein ganz bestimmtes Ritual abgehalten und durch dieses heiligen Ritual hatten wir Visionen. In unseren Visionen haben wir gesehen und gehört, dass unsere Verwandten, die vor uns diese Erde verlassen haben, wirklich im verheißenen Land sind, und dass auch wir dorthin gehen werden. Sie sind beim Wanekia[21]. Wenn also die Wasichu wollen, dann können sie gegen uns kämpfen. Doch wenn sie gegen uns kämpfen, dann werden wir siegen. Also seid mutig und fest entschlossen. Wir müssen uns auf jene verlassen, die vor uns aus dieser Welt gegangen sind. Sie weilen jetzt im verheißenen Land und sind beim Wanekia. Daran lasst uns immer denken."

Wir verlegten unser Lager zum Cheyenne River, nördlich von Pine Ridge. Die meisten Oglalas lagerten rund um Pine Ridge. Ich ging hinaus, um nach Pferden zu suchen, und als ich zurückkehrte, hörte ich, dass zwei Polizisten gekomen waren, die mich für ihre Seite gewinnen wollten, um als Scout für sie zu arbeiten. Zwei Tage später erfuhr ich, dass die Soldaten (die 7. Kavallerie) in Richtung Wounded Knee marschierten. Das war im Monat der krachenden Bäume (Dezember). Von einem jungen Mann, der bei Big Foot gewesen war, vernahm ich, dass dieser bald kommen werde. Rough Feather, so hieß es, werde Big Foot von seinem Lager am White River nahe der Mündung des

---

[20] Die *Brulés* sind wie die Oglala eine Untergruppe der Lakota- (oder Teton-)Sioux
[21] Wanekia („Der Leben schafft") ist das Lakota-Wort für „Messias"

Medicine Root Creek holen. Zu der Zeit lagerten auch einige Soldaten in der gleichen Gegend auf der anderen Seite des Flusses.

Rough Feather ging dorthin, um Big Foot zu holen. Er wollte, dass Big Foot und sein Volk in südöstlicher Richtung wandern, doch sie wollten das nicht, sondern zogen den Medicine Root aufwärts. Sie errichteten ihr Lager bei dem Bach am Porcupine Butte, wo die Soldaten auf sie trafen und es fast zu einem Kampf gekommen wäre. Die Soldaten brachten Big Foot zurück nach Wounded Knee. Am Abend umringten die Soldaten das Lager und bewachten die Indianer die ganze Nacht hindurch.

Am nächsten Morgen, dem 29. Dezember 1890, trugen sie Big Foot zu den Offizieren, da er erkrankt war. Seinem Volk befahlen sie, sämtliche Gewehre beim Quartier der Offiziere abzuliefern. Alle legten dort im Büro ihre Gewehre und sogar ihre Messer auf einen großen Haufen. Die Soldaten durchsuchten jedes Tipi auf Waffen. Nahe Big Foots Tipi standen zwei Männer, die sich ganz in weiße Decken gehüllt hatten, sodass nur die Augen zu sehen waren. Vielleicht hatten sie ja ihre Messer darunter verborgen. Der Offizier, der die Gewehre einsammelte, ging auf sie zu und zog ihre Decken auseinander. Der erste Indianer hatte sein Gewehr darunter versteckt. Der Offizier ging zum nächsten, zog seine Decke weg. Doch gerade, als er ihm das Gewehr abnehmen wollte, schoss dieser Mann und tötete den Offizier. Sein Name war Yellow Bird. Er wollte sein Gewehr nicht abgeben, aber er wollte auch den weißen Mann nicht erschießen. Der Schuss hatte sich unbeabsichtigt gelöst. Natürlich waren die Soldaten bereits ringsum in Stellung und hatten ihre Wagen-Gewehre (Kanonen, d. Ü.) überall in Position gebracht: auf dem Hügel nördlich des Lagers, jenseits der Ebene im Osten sowie auf der anderen Seite des Baches. Die indianischen Scouts befanden sich hinter den Soldaten auf der Südseite. Yellow Bird und der weiße Offizier rangen um das Gewehr. Sie rollten am Boden und versuchten, es einander zu entreißen, als der Schuss sich löste. Dog Chief war mit dabei, als sie die Gewehre einsammelten, und stand direkt neben den beiden ringenden Männern. Er war ein Freund von mir und hat alles gesehen.

Big Foot war der erste Indianer, der daraufhin von einem Offizier getötet wurde, noch ehe die Kanonen zu feuern begannen. Sie hatten ihn zu der Stelle gebracht, an der die Waffen eingesammelt wurden, und sofort nach dem Schuss aus Yellow Birds Gewehr, erschoss der Offizier Big Foot. Yellow Bird eilte in eines der Zelte und tötete wahrscheinlich viele Soldaten, ehe er selbst starb. Während einer Feuerpause, als die Soldaten nachluden, rannten alle Indianer zu den Waffenstapeln und holten sich ihre Gewehre zurück. Ein Soldat rannte zu dem Tipi, in dem Yellow Bird sich verschanzt hatte, um die Plane wegzureißen, doch Yellow Bird erschoss ihn und auch die anderen Soldaten, die ihm gefolgt waren. Da feuerten die Soldaten auf das Tipi, bis es in Flammen aufging und Yellow Bird darin starb.

In der Nacht bevor all dies geschah, war ich drüben im Lager von Pine Ridge und konnte nicht schlafen. Als ich die Soldaten ausrücken sah, ahnte ich, dass etwas Schlimmes geschehen würde. Die ganze Nacht durch bis zum Morgengrauen ging ich umher. Nach einem zeitigen Frühstück holte ich mein Pferd und während ich draußen war, hörte ich im Osten Schüsse und Kanonendonner. Das war nicht weit von unserem Lager entfernt. Als ich den ersten Schuss hörte, war es, als spürte ich ihn im eigenen Körper. Also ritt ich hinaus und trieb die Pferde zurück zum Lager, denn ich war sicher, dass es Krieg geben würde. Als ich mit den Pferden das Lager erreichte, kam gleichzeitig ein Mann dort an, der von Pine Ridge zurückkehrte, weil auch er die Schüsse gehört hatte.

Ich überlegte und dachte, dass ich nicht kämpfen sollte. Ich hatte Zweifel an dieser Messias-Geschichte und daher schien es richtig, nicht dafür zu kämpfen. Hingehen wollte ich aber trotzdem, denn das hatte ich bereits beschlossen. Wenn ich jetzt umkehren würde, dann würden die Leute es nicht verstehen. Also ging ich. Insgesamt waren wir über zwanzig, die auszogen. Als wir uns dem Geschehen näherten, kam ein Reiter auf uns zu und rief: „Hey, hey, hey, sie haben alle umgebracht!" Im gleichen Moment sah ich einen Trupp Soldaten die Schlucht direkt vor uns herunterkommen. Meine Leute hielten die Pferde an und fragten mich, was zu tun sei. Wir beschlossen, zuerst zu schauen, was wir ausrichten konnten, und dann erst zu handeln. So ritten wir los, folgten dem Bach am oberen Ende der Schlucht und stiegen auf den Berg über der Schlucht, die heute Battle-Creek-Schlucht heißt.

Als wir auf dem Hügel etwa zweieinhalb Meilen westlich des Monuments angelangten, sahen wir einige Indianer, die von zwei kleinen Trupps Soldaten gefangen genommen wurden. Ich hörte dort unten Gewehrschüsse und Kanonendonner und ich sah Soldaten überall an den Hängen auf beiden Seiten der Schlucht. Also sprach ich zu den Männern, die ich hierher geführt hatte: „Seid mutig, das sind unsere Verwandten. Wir werden versuchen, die Gefangenen zu befreien. Unsere Frauen und Kinder liegen tot dort unten. Denkt daran und fasst Mut."

Ich hatte damals scharfe Augen und konnte die Kavalleristen sehen, die über die Hänge verstreut waren. Nachdem ich so zu meinen jungen Männern gesprochen hatte, ritt ich hinab und sie folgten mir. Bei der Gelbkiefer am oberen Ende der Schlucht fanden wir einen Indianer namens Little Finger, der an den Beinen verwundet war. Hinter mir ritt Iron White Man, und wir setzten den Verwundeten mit auf sein Pferd. Am Ende der Schlucht fiel Little Finger vom Pferd, und wir baten einen anderen Indianer, ihn in Sicherheit zu bringen. Dieser brachte ihn nach Nordwesten über die Berge, wo er außer Gefahr war. Am Beginn der Schlucht entdeckte ich auch ein kleines Mädchen – ganz alleine. Es war Blue Whirlwind, die der Vater meiner Frau adoptiert hatte. Zuerst wollte ich sie mitnehmen, aber dann ließ ich sie dort, da dies ein sicherer Ort für sie war.

Wir gingen nach Norden, wo sich die Pferde befanden, und

hielten unmittelbar vor ihnen an. Dabei zogen wir direkt nach Norden bis unter den ersten hellen Lehmfleck ein Stück weit oben am Hang. Vor uns befand sich ein Kavallerietrupp und etwa hundert Meter weiter östlich stand ein weiterer Trupp bei den Kiefern. Zwei meiner Männer gingen dorthin, wo die Gefangenen festgehalten wurden. Zwischen uns und den Gefangenen befand sich ein anderer Indianer auf einem schwarzen Pferd.

Gerade als die beiden Männer die Soldaten und diesen Reiter auf dem schwarzen Pferd erreichten, feuerte der am weitesten entfernte Soldatentrupp auf uns. Sie schossen über die Schlucht, während wir uns zurückzogen. Kurz darauf sagten die Männer: „Seid mutig. Es ist Zeit zu kämpfen!" Und während die Kavalleristen feuerten, galoppierten die Pferde über den Berg.

Als sich die Soldaten auf dem Berg versammelt hatten, traten sie den Kamm entlang den Rückweg an. Nachdem sie ihre schmutzige Arbeit vollbracht hatten, marschierten sie den Wounded Knee Creek aufwärts. Sie waren bereit, weiter zu kämpfen, aber wir wollten sie nicht mehr angreifen. Ich wollte den Ort sehen, an dem Big Foot und sein Volk getötet worden waren. Während ich die Schlucht abwärts ritt, sah ich überall tote Männer und Frauen liegen. Soldaten und Indianer lagen hier und dort.

Der Tag war kalt, obwohl die Sonne schien. In der Nacht bedeckte uns der Schnee und wir wären fast erfroren. Als ich hinunter zum Dorf ging, sah ich überall sterbende Kinder. Ein grauenhafter Anblick! Bis zu Big Foots Leiche gelangte ich jedoch nicht. Ich dachte, dass ich wahrscheinlich sterben werde, ehe das alles vorbei war, und ich stellte mir vor, dass der Tag kommen werde, an dem ich entweder Rache nehmen oder sterben werde. Kurz nach Einbruch der Dämmerung kehrten wir nach Pine Ridge zurück. Es waren etwa fünfzehn Meilen entlang des alten Weges.

Unsere Leute hatten das Lager dort verlassen und waren

stromab geflohen. Wir folgten ihnen. Sie lagerten unterhalb einer Bachmündung. Aber sie hatten keine Tipis, sondern saßen nur an ihren Feuern. Ich ging zu ihnen und hörte, wie meine Mutter ein Totenlied für mich sang. Sie war glücklich, mich zu sehen, denn sie hatte geglaubt ich sei im Kampf gefallen.

Bei Tagesanbruch stand ich auf. An diesem Morgen ritten weitere Trupps von Kriegern aus nach Pine Ridge, um zu kämpfen. Also stieg auch ich auf mein Pferd, gerade als ein Reiter auf einem Falben vorbeikam. Sein Name war Protector. Ich ritt den Berg hinauf und die Soldaten begannen, auf mich zu schießen. Ich wendete und floh, während ich hörte, wie die Kugeln meine Kleider trafen. Dann spürte ich einen Schlag rechts am Gürtel. Meine Zweifel und meine Furcht hatten mich für einen Moment meiner Kraft beraubt, und in dem Augenblick hatte der Schuss mich getroffen.

Protector kam eilends herbei und hielt mich fest, denn ich war dabei, vom Pferd zu fallen. Er zerriss seine Decke und verband damit meine Wunde. Dann schickte er mich nach Hause und sprach: „Du darfst heute nicht sterben. Du musst leben, denn das Volk braucht dich."

Was das bedeutet...

Die Ghost-Dance-Religion und das Wounded-Knee-Massaker
Blut befleckt den heiligen Baum

Wovokas Lehre versprach den Indianern, dass sie wieder Macht erlangen und mithilfe der Toten ihr Land zurückerobern werden; dass die Büffel zurückkehren und die Sioux wieder ein freies Leben führen werden. Er versicherte, dass all dies in kurzer Zeit geschehen werde. Ihre Religion jedoch müssten sie vor den Weißen geheim halten.

Die Weißen aber ordneten eine Sonderermittlung an, um die Hintergründe der Ghost Dance Bewegung und eines drohenden Sioux-Aufstandes „restlos aufzuklären". Wie so oft in der Geschichte wurden diese Ereignisse als eine „Bewegung" gesehen, anstatt sie als eine Religion zu akzeptieren. Und die Tragödie nahm ihren Lauf.

Am 15. Dezember 1890 wurde Sitting Bull getötet, als er sich im Standing Rock Reservat seiner Festnahme widersetzte. Den fliehenden Indianern sandte man Boten hinterher, die sie aufforderten, unverzüglich ins Reservat zurückzukehren, wo sie sich in Sicherheit befänden. Jeder, der außerhalb des Reservats angetroffen werde, müsse die Konsequenzen tragen. Innerhalb weniger Tage waren viele von ihnen zurückgekehrt und hatten sich ergeben.

Der einzige berühmte Anführer außerhalb der Reservate, der als gefährlich galt, war Big Foot, der sein Dorf an der Mündung des Deep Creek hatte. Big Foot und seine Gruppe der Minnicoujous waren am 23. Dezember aus dem Cheyenne River Reservat geflohen, um in den Badlands Zuflucht zu suchen. Die Nachricht vom Tod Sitting Bulls hatte sie aufgeschreckt und sie misstrauten den Soldaten. Major Whitside vom 7. Kavallerieregiment hatte den Befehl erhalten, Big Foots Gruppe auf ihrer Flucht abzufangen. Am 28. Dezember hisste Big Foot eine weiße Fahne und bat um eine Unterredung. Major Whitside lehnte Verhandlungen ab und verlangte bedingungslose Kapitulation. Big Foot ergab sich sofort, und sie zogen in Begleitung der Soldaten zum Wounded Knee Creek. Für zusätzliche Sicherheit erhielt Whitside Verstärkung durch vier weitere Truppen der 7. Kavallerie, sodass nun insgesamt 470 Soldaten gegen die 106 Krieger standen, die Big Foots Gruppe damals zählte. Der Rest ist Geschichte.

Black Elks Bericht von der nachfolgenden Tragödie ist wahrheitsgetreu. Die Menschen, die dort im blutigen Schnee gestorben sind, werden für immer als Mahnmal an den letzten Versuch der Indianer erinnern, ihrer traditionellen Lebensweise treu zu bleiben, die sie seit Jahrhunderten gepflegt hatten. Doch für Black Elk war die Hoffnung für sein Volk mit Wounded Knee nicht zu Ende. In seiner Wehklage rief er zu *Wakan Tanka*, dass er den Geist seiner gefallenen Brüder aus dem blutigen Schnee auferstehen lassen und den Baum zu neuer Blüte führen möge.

Dieser metaphorische Fußabdruck von Black Elks Bericht, ist getränkt von der Verzweiflung seines Volkes. In seinem Gebet bittet er darum, dass sich die Hoffnung des Volkes erfüllen möge und dass es zu seiner angestammten Lebensweise zurückkehren könne. Er fleht um die Wiederbelebung ihrer traditionellen Kultur und ihres Wertesystems, die das eigentliche Leben seines Volkes ausmachten. Auch Maslows[22] Rangordnung der Bedürfnisse der Indianer lässt diesen Zusammenhang zwischen der Metapher des heiligen Baumes und Black Elks Pfad zu innerer Stärke erkennen. Maslow beginnt mit einer Aufzählung der primären körperlichen Bedürfnisse wie Nahrung, Wasser,

---

[22] Amerikanischer Psychologe 1908 – 1970, auf ihn geht die Maslowsche Bedürfnispyramide zurück

Schutz, etc., die uns allen gemeinsam sind. Es sind einfache Grundbedürfnisse, aber sie sind essenziell für jeden Einzelnen. Danach beschreibt er Stufen, auf denen sich komplexere Bedürfnisse entwickeln. Und wenn wir diese höheren Ebenen von Bedürfnissen, die Maslow beschreibt, genauer betrachten, dann erkennen wir einen Zusammenhang mit Black Elks nächstem Fußabdruck und dem Traum für sein Volk. Es geht um Selbsterkenntnis und um jene Kräfte, die dorthin führen: Selbstachtung, Vertrauen, Entfaltung, Unabhängigkeit und Freiheit. Sie bilden jene „Nahrung", um die Black Elk in seinem Gebet bittet, damit der Baum wieder erblühen möge.

Campbell schreibt, dass die Erfüllung dieser Bedürfnisse nach Wertschätzung uns zu unserem inneren „Reich der Glückseligkeit" leite, einem Zustand des Friedens und der Selbsterkenntnis. Dort können wir lernen, alle zersplitterten Teile unseres Selbst zu vereinigen und in Ordnung zu bringen. Indem wir immer wieder an unseren heiligen Ort zurückkehren, werden wir schließlich eine höhere Ebene erreichen, eine höhere spirituelle Stufe. Die Kräfte der Gesellschaft werden vielleicht versuchen, uns den Blick zu versperren. Aber wenn wir anfangen, zu erkennen, wer wir auf dieser Ebene sind, dann werden unsere Selbstachtung und unsere Bewusstseinserweiterung einen gewaltigen Sprung machen. Dann werden wir beginnen, das zu leben, was wir in uns sehen, und nicht das, was die Gesellschaft uns zu sein befiehlt.

Auch Black Elks Hinweis auf den Morgenstern steht in engem Zusammenhang zum Nähren des heiligen Baumes. In seiner Vision erfuhr Black Elk, dass dieser Stern kurz vor der Morgendämmerung am hellsten leuchtet. Er symbolisiert daher die Sehnsucht nach mehr Licht und die Gewissheit, dass dieses Licht kommen wird. Black Elk erzählt uns, dass er jeden Tag zur selben Zeit erwacht: wenn der Morgenstern aufgeht. Denn Wissen und Weisheit wird jenen beschieden, die aufstehen, um diesen Stern zu begrüßen. „Schau, der Stern der Weisheit", sollten die Leute sagen. Und wir erinnern uns daran, dass es auch in seiner Beschreibung des Schnitts durch einen Pappelzweig heißt „in seinem Mark wirst du einen vollkommenen fünfzackigen Stern erkennen". Dieser Stern enthält ein Versprechen für alle, die ihn betrachten. Das Versprechen, dass mehr Licht kommen wird. Und für jene, die Black Elks Worten glauben, werden Weisheit und Erkenntnis folgen – die Erkenntnis dessen, was man ist und was man werden kann. Und damit gelangen wir zum abschließenden Schritt auf unserem Pfad zu innerer Kraft: dem Weg, dem es zu folgen gilt.

Black Elks Vermächtis

Häuptling Kicking Bear spricht im Ratskreis des Pine Ridge Reservats in Süd-Dakota. Er berät sich mit seinem Volk darüber, was sie tun können, um nach Wounded Knee weiter zu überleben. Das Foto wurde freundlicherweise zur Verfügung gestellt von der Western History Collection der Denver Public Library, Archivnummer (Call Number) X31474.

Linda L. Stampoulos

Häuptling Hump vom Stamm der Minnicoujou mit Angehörigen seiner Familie. Zusammen mit Crazy Horse und Gall kämpfte er auf dem Calhoun Hill am Little Bighorn, wo er von einer Kugel am Bein getroffen wurde. Es wird berichtet, dass Kicking Bear den Ghost Dance zuerst in den Lagern von Hump und Big Foot einführte. Laut Mooney war Hump nach dem Tod von Sitting Bull der gefährlichste Anführer der Unzufriedenen im Cheyenne River Reservat. Dennoch arbeitete er gut mit General Miles zusammen, brachte seine 400 Leute nach Fort Bennett und unterwarf sich den Bestimmungen der Kapitulation. Danach leistete er wertvolle Dienste für den Frieden und arbeitete später als US Scout. Das Foto wurde freundlicherweise zur Verfügung gestellt von der Western History Collection der Denver Public Library, Archivnummer (Call Number) X31816.

Canku Luta Ogna Mani

Gehe den roten Pfad

Lange bevor der erste Satellit die Erde umkreiste, empfing Black Elk, der große heilige Mann der Oglala eine Vision. Er berichtet, dass er in den Weltraum erhoben wurde, um von dort oben die Erde zu betrachten, und wie er dabei erkannte, dass sie heilig ist. Wenn man die Erde aus dem Weltall sieht, dann weiß man, dass Black Elk Recht damit hatte, wenn er sagt, dass das gesamte Universum unser Tabernakel ist. Wir Indianer *spüren*, dass die Erde unsere Großmutter ist. Sie lebt.

Black Elk folgte dem Weg, den Red Cloud, Crow Dog, Crazy Horse, Sitting Bull und andere ihrer Generation gebahnt hatten. Ich bin davon überzeugt, dass es seine Berufung war, den heiligen Lebensbaum unseres Volkes zu bewahren. Und ich glaube daran, dass in einer der Wurzeln dieses Baumes noch Leben ist – gerade genug, um ihn wieder erblühen zu lassen und damit das geistige Überleben unseres Volkes zu sichern.

Ich glaube, dass mein Leben als ein Beispiel für jene dienen soll, die Black Elks Pfad folgen werden, nachdem ich in die Welt der Geister eingegangen bin. Ich wünsche mir, dass unsere jungen Leute Mut und Vertrauen fassen. Sie sollen wissen, dass das große Mysterium auf alle wartet und dass für jeden ein Weg zu ihm führt. Er ist nicht eng und beschwerlich. Zwar verläuft er in Kehren und Schleifen und hat Abzweigungen in alle Richtungen, doch solange sie ihm mit Achtung und Vertrauen folgen, wird er sie zu dem ihnen bestimmten Ziel führen.

Russell Means
Mitglied der Yankton und Oglala Gruppe der
Lakota Sioux

Gehe den roten Pfad

"Schau auf die Erde, denn über sie führen zwei Pfade."

Mit diesen Worten weist der vierte Großvater in Black Elks großer Vision auf die zwei Wege im Leben hin, zwischen denen der Mensch wählen kann. Der schwarze Pfad (der auch der blaue genannt wird) ist ein furchtbarer Weg. Er führt von dort, wo die Sonne ständig scheint (Osten) dorthin, wo die Sonne untergeht (Westen). Es ist der Pfad der Donner-Wesen. „Schau auf den schwarzen Pfad, denn es wird ein schrecklicher Weg sein. Mit diesem Pfad sollt ihr euch selbst verteidigen."

Weiter sprach er: „Sieh hier den heiligen roten Pfad. Er führt von dort, wo der Riese wohnt (Norden), dorthin, wohin wir immer blicken (Süden). Dieser Pfad soll der deines Volkes sein. Von diesem Pfad sollst du die Macht Gutes zu tun empfangen." Der rote Pfad ist der gute oder gerade Weg, denn der Norden symbolisiert die Reinheit und der Süden die Quelle des Lebens. Der heilige rote Pfad ist, wie der „schmale, gerade Weg" der Christen, die horizontale Achse des Kreuzes. Black Elk berichtet uns, dass die Farbe Rot alles Heilige verkörpert, insbesondere die Erde, denn wir sollen nicht vergessen, dass unser Leib von der Erde kommt und zu ihr zurückkehren wird.

Für unsere persönliche Lebensreise ist der rote Pfad ein Weg oder eine Richtung, für die wir uns entscheiden können. Bei unserer Betrachtung der bisherigen Spuren sind wir auf Maslows höhere Bedürfnisse gestoßen, zu denen insbesondere Selbsterkenntnis, Vertrauen und Selbstachtung zählen. Die Konzentration auf unser inneres Selbst hilft uns zu erkennen, wer wir sind und welches Potenzial in uns auf Verwirklichung wartet. Dieser letzte Fußabdruck der Spur führt uns nun zum schwierigsten Schritt und einem noch höheren Bedürfnis-Niveau: der Selbstverwirklichung.

Maslow beschreibt sehr detailliert den sich selbst verwirklichenden Menschen. Er charakterisiert ihn als einen Menschen, der Alleinsein und Zurückgezogenheit schätzt, da er sich darin sicher und autonom fühlt. Der sich selbst verwirklichende Mensch nimmt seine Umwelt bewusster wahr – sowohl seine Mitmenschen als auch alles Übrige. Er akzeptiert in hohem Maße sich selbst, seine Nächsten und seine Umwelt. Er empfindet weder Scham noch Schuld wegen seiner menschlichen Fehler, Unzulänglichkeiten, Mängel und Schwächen. Noch kritisieren er solche Schwächen bei seinen Mitmenschen. Er achtet und respektiert sich selbst und andere. Der sich selbst verwirklichende Mensch empfindet in seinem Alltag immer wieder Freude, Staunen und Ehrfurcht. In unterschiedlichem Maße erlebt er tiefes Erstaunen über die grenzenlosen Weiten, die sich vor ihm auftun, und die Gewissheit, dass es sich dabei um ein bedeutendes Erlebnis handelt, das in seinem alltäglichen Leben weiterwirken muss. Er hat ein ausgeprägtes Gefühl der Empathie, der Sympathie und des Mitempfindens für andere Menschen. Vor allem aber ist dieses Mitgefühl bedingungslos. Und schließlich lebt und handelt der sich selbst verwirklichende Mensch in hohem Maße ethisch und ist stets bereit, von anderen zu lernen.

Man könnte sagen, dass der rote Pfad der Weg der Selbstverwirklichung ist. Campbell hat den heiligen Ort unseren „Raum der Glückseligkeit" genannt, doch für unsere persönliche Erfüllung gilt es, weiter dem Pfad zu folgen, der auf uns wartet. Der vierte Großvater hat den roten Pfad als den Pfad des Friedens und der Harmonie bezeichnet – und das ist er tatsächlich. Wenn Sie Ihren Mittelpunkt gefunden haben und erkannt haben, wer Sie sind, dann sind Sie jetzt dazu bereit, weiter voranzuschreiten und Ihren Traum zu leben oder – wie Campbell sagt – Ihrem Glück zu folgen.

„Wir sind nicht allein", fährt Campbell fort, „denn auf jedem Schritt entlang des Weges helfen uns ‚verborgene Hände'. Türen tun sich auf", sagt er, „Türen, von denen wir nicht einmal ahnten, dass es sie gibt. Wenn man seinem Pfad der Glückseligkeit folgt, so lebt man beseelt von Freude und unerschöpflicher Energie."

Campbell benutzt den Vergleich zur Nabelschnur, um diese Lebensader zu verdeutlichen, die uns nährt und versorgt, wenn wir von unserem Zentrum nach außen reisen und unserem Weg folgen. Sie ist unsere Verbindung zu dem, was wir als wahr und wirklich erachten. Die Welt versucht immer wieder, uns mit anderen Problemen abzulenken, doch wenn wir an dieser Nabelschnur festhalten, so wird es uns leichter gelingen, mit den Alltagsproblemen fertig zu werden. Die Technik dafür muss jeder selbst entwickeln. Doch Campbell verspricht uns, dass wir früher oder später diese Fähigkeit entfalten werden, die nur darauf wartet, aktiviert zu werden, um uns zu jenem anderen Ort zu führen. Dort werden Sie Ihre eigenen Tiefen erkennen und tiefes Verstehen erfahren. Es ist der Ort, zu dem Ihr Geist und Körper streben.

Doch wie so oft im Leben, ist nicht das Ziel das Wichtigste. Viel mehr beschäftigt uns der Weg dorthin. Wie wir den Weg durch unser Leben gehen und die Richtung, die wir einschlagen – das ist es, was zählt.

Nach dem Massaker am Wounded Knee war das Volk verloren. Es musste einen neuen Weg finden. Doch das würde Zeit brauchen und die geeigneten Mittel erfordern. Der folgende Rückblick ist Black Elks Bericht über die Tage nach Wounded Knee und beschreibt seine Beteiligung an dem Kampf.

Linda L. Stampoulos

Was damals geschah...

Gehe den roten Pfad
Black Elks Lehre und Vermächtnis

Damals wurde mir deutlich, dass der Ring zerbrochen und das Volk in alle Richtungen verstreut war, und ich dachte: „Ich will mein Möglichstes versuchen, um mein Volk wieder im Ring zu vereinen". Zu jener Zeit verschwand die unberührte Wildnis immer mehr. Es schien, als haben mich alle Geister vergessen, und ich fühlte mich fast wie ein wandelnder Toter. Ja, ich war damals wirklich tot. So war das. In meiner Vision hatte man mir vorhergesagt, dass ich als Mittler für mein Volk auserwählt sei. Also war es meine Pflicht, alles in meinen Kräften stehende für mein Volk zu tun. Und falls ich nicht alles tat, so hatte ich dies als meine persönliche Schuld zu verantworten. Wenn ich in Armut lebte, so würde auch mein Volk in Armut leben. Und falls ich hilflos sein und sterben sollte, so würde auch mein Volk sterben. Folglich war ich es meinem Volk schuldig, einen Weg zu finden, um mich neu zu beleben, denn dann würde auch mein Volk neu belebt werden.

So habe ich mich damals gefühlt. Und alles, was ich wollte, war diesen Baum zu neuer Blüte zu führen. Denn durch diesen Baum würden auch wir neu erblühen. Wir sind alle miteinander verwandt und verbunden und daher gilt es, in den Ring zurückzukehren, um geschlossen zu handeln und zu stehen wie ein Mann. Deshalb möchte ich zum Harney Peak gehen, um dort meine Stimme zu den sechs Großvätern zu senden. Hinter den sechs Großvätern habe ich viele glückliche Gesichter gesehen und vielleicht werden es die glücklichen Gesichter meiner Familie sein. Wenn wir diesen Baum wieder zur Blüte bringen, dann werden auch unsere Familien wachsen und gedeihen.

Und hier im Mittelpunkt des Erdkreises (dem Harney Peak)

befinde ich mich nun wieder am gleichen Ort und sehe all die guten Dinge der Erde, die meinem Volk hätte gehören sollten. Die Vierbeiner und jene, die sich auf Flügeln in die Lüfte schwingen, sie sind unsere Verwandten, und durch sie sollten wir unsere Stimmen emporsenden zu dir, o Großer Geist! Du hast mich hier ins Zentrum des Erdenrunds gesetzt und mir all die guten Dinge gezeigt, die meinem Volk hätten gehören sollen. Doch jetzt ist mein Volk verzweifelt und ich werde daher erneut meine Stimme zu dir senden. Hierher hast du mich gesetzt und hast mich alles sehen lassen, all die guten Dinge. Und an genau diesem Ort, im Zentrum des Weltkreises, hast du versprochen, den Baum zu pflanzen, der hätte erblühen sollen. Aber ich war schwach und daher wird der Baum wohl nie wieder Blüten tragen. Und doch könnte es sein, dass in einer seiner Wurzeln noch Leben ist, und dass diese Wurzel Kraft und Nahrung erhält aus all den guten Dingen, die du uns Menschen beschert hast. Dass sie genährt wird durch die Mächte der vier Himmelsrichtungen und die Mutter Erde, durch die Vierbeiner der Erde und die Gefiederten der Luft, durch die wir unsere Seufzer und Stimmen zu dir emporsenden. Erhöre sie und erhöre mich. Schenke mir Vertrauen und höre meine Stimme, o Großer Geist, mein Großvater!

Indem ich meine Stimme emporsende, bete ich darum, dass du den Baum erneut zur Blüte führen mögest, damit mein Volk viele glückliche Tage sehen wird. Ihr sechs Großväter, meine Großväter, durch eure Macht habt ihr mich ins Zentrum des Weltenkreises entsandt und mir all die guten Dinge gezeigt, die mir hätten gehören sollen. Erhört mich, auf dass mein Volk lebe, und zeigt uns einen Weg, damit mein Volk neu erblühe. Noch einmal – und vielleicht zum letzten Mal – rufe ich meine Vision zurück und flehe zu euch um Hilfe, ihr sechs Großväter, die ihr den Großen Geist verkörpert und die Zweibeiner auf Erden und die vier Himmelsrichtungen und alle Lebewesen der Erde. Noch einmal sende ich meine Stimme zu euch, auf dass ihr mich erhört und mein Volk in den Ring zurückführt. Und in seinem Zentrum soll der Baum stehen, der hätte erblühen sollen. Helft uns und seid uns gnädig. O Großer Geist, lass mein Volk in den heiligen Ring zurückkehren, lass den Baum erblühen und lass mein Volk das Leben führen, das du für uns bestimmt hast, auf dass wir leben und die glücklichen Tage sehen und das Land der Freude, das du uns verheißen hast.

Was das bedeutet...

Gehe den roten Pfad
Black Elks Lehre und Vermächtnis

Man weiß nicht, wie viele Indianer bei Wounded Knee dabei gewesen sind und wie viele dort ums Leben gekommen sind. Die Quellen widersprechen einander. Doch Major Whitside, dem sie sich die Sioux damals ergeben haben, meldete in seinem offiziellen Bericht 120 Männer und 250 Frauen und Kinder. Unter denen, die sich ergaben, waren auch 70 Flüchtlinge aus den Stämmen von Sitting Bull und von Hump. Eine genaue Zählung der Toten unmittelbar nach dem Kampf war nicht möglich, da eine weitere Gruppe von Indianern aus dem Reservat einen zweiten Angriff führte (Black Elk gehörte zu dieser Gruppe und wurde im Kampf verletzt). Die offiziell angegebene Zahl der Toten war laut Mooney niedriger als die tatsächliche, da einige der Toten und Verletzten zweifellos von Freunden und Verwandten weggebracht worden waren, ehe der Bestattungstrupp der Kavallerie drei Tage später anrückte. Doch diese Zahlen sind nie in offizielle Berichte eingegangen.

Mooney berichtet weiter, dass am Neujahrstag 1891, drei Tage nach der Schlacht, ein Truppenkommando nach Wounded Knee entsandt wurde, um die toten Indianer einzusammeln und zu beerdigen und um Verwundete, die eventuell auf dem Schlachtfeld überlebt hatten, zurückzubringen. In der Zwischenzeit war ein schwerer Schneesturm, der sich zu einem Blizzard gesteigert hatte, über das Land gezogen. Die Leichen der erschlagenen Männer, Frauen und Kinder wurden blutüberströmt und steif gefroren unter dem Schnee gefunden. Vier Säuglinge hat man lebend aus dem Schnee geborgen. Sie lagen in Tragetücher gehüllt neben ihren toten Müttern, deren letzter Gedanke ihnen gegolten hatte. Alle vier litten unter schweren Erfrierungen und nur eines der Kinder überlebte.

Er berichtet weiter, dass die verletzten und hilflosen Frauen und Kinder auf beeindruckende Weise die für Indianer so charakteristische Zähigkeit und Ausdauer bewiesen haben: Ohne Nahrung, ohne Schutz und ohne Versorgung ihrer Wunden hatten sie drei Tage lang einen der gefürchteten Schneestürme Dakotas überlebt.

Dies ist eine Lehre, die wir aus der Tragödie von Wounded Knee ziehen können: die Erkenntnis der Zähigkeit des Lebens, „auf beeindruckende Weise bewiesen" von jenen, die das Desaster überlebt haben. Ein Säugling hat vier Tage allein im Schneesturm überstanden! Nichts womit wir je konfrontiert sein werden, lässt sich mit dem vergleichen, was die Sioux-Indianer während ihrer letzten Jahre in Freiheit erdulden mussten. Welche Macht hat ihnen während des Massakers Kraft gegeben? Wie konnten sie dazu in der Lage sein, vier Tage im Schneesturm zu überleben? Viele sagen, dies sei ein Teil des großen Geheimnisses, jener unbekannten Macht, die uns umgibt. Unsere Aufgabe besteht deshalb darin, dieses Mysterium anzuerkennen und zu versuchen, seine Kraft zu erschließen: die Energiequelle dieses Brennpunkts der Schöpfung, in dem man sich befindet, wenn man ohne Furcht und Verlangen ist, nicht getrieben von persönlichen Wünschen oder Begehren, sondern von der Energie aus dem tiefsten Inneren.

So weit sind wir nun diesem alten Pfad gefolgt, den die Signalfeuer von Black Elks großer Vision für uns erleuchten. Der letzte Schritt führt uns bis an sein Ende. Black Elk betete darum, dass sein Volk sich wieder im heiligen Ring vereinen, den guten roten Pfad wiederfinden und den heiligen Baum hegen und nähren möge. Der rote Pfad liegt nun vor uns. Wir haben die Wegweiser, die Fußabdrücke, die sich aus dem blutigen Schnee erhoben haben. Es ist Zeit, die persönliche Herausforderung anzunehmen und unsere Suche nach Selbsterkenntnis zu beginnen, die schließlich zu unserer Selbstverwirklichung führen wird.

Hanble Wakan

Epilog: Die große Vision

Im Folgenden finden Sie, wie angekündigt, Black Elks vollständigen Bericht über seine große Vision. Beachten Sie, dass seine Schilderung zugleich eine Reise durch das Reich spiritueller Metaphorik darstellt. Black Elk war sich der einzigartigen Bedeutung dieser Symbolik bewusst und sein Volk war mit ihren Bildern vertraut, während sie für uns heute oft nur schwer zu verstehen sind.

Joseph Campbell erklärt Black Elks Vision als eine psychische Erfahrung in seiner frühen Jugend. Black Elk erlebte als Junge eine Bewusstseinsveränderung, die ihn von seinem persönlichen Unbewussten bis an den Rand des kollektiven Unbewussten führte. Für den jungen Knaben bedeutete dieses wesenhaft schamanistische Erlebnis eine tiefe Erschütterung. In prophetischen Bildern wurde ihm die Zukunft seines Volkes vor Augen geführt – sowohl im positiven als auch im negativen Sinne. Die negative Seite war, wie wir wissen, die fürchterliche Niederlage seines Volkes und die radikale Veränderung ihrer Lebensweise. Auf der positiven Seite hingegen sah er den Ring seines Volkes und erkannte, dass dieser Ring einer von vielen Ringen war und dass die Ringe aller Nationen in einem großen Reigen zusammenwirkten.

„Ich erblickte mich selbst auf dem Berg, der sich im Zentrum der Erde erhebt. Ich stand auf dem höchsten Punkt. Und durch meine Vision sah ich die Erde in heiliger Weise. Der Berg im Mittelpunkt der Erde war der Harney Peak in Süd-Dakota, doch ich verstand, dass dieser zentrale Berg überall ist.

Campbell erklärt weiter, dass in der Mythologie das Zentrum der Welt zugleich die Nabe des Universums symbolisiert – den Punkt, an dem Stillstand und Bewegung eins sind. Die Bewegung ist Zeit, der Stillstand Ewigkeit. Die Erkenntnis der Beziehung zwischen dem Zeitlichen und dem Ewigen ist der Schlüssel zum Sinn des Lebens. Zu erfahren, dass dieser Moment Ihres Lebens tatsächlich ein Augenblick der Ewigkeit ist, das ist das eigentlich mythologische Erlebnis. Diese Vorstellung ist nicht leicht nachzuvollziehen, aber doch entscheidend, um Black Elks Vision heute zu verstehen: Es gilt die ewigen Aspekte dessen zu erkennen, was man in seinem zeitlichen Bewusstsein im Hier und Jetzt tut.

„Ist also der Mittelpunkt der Welt wirklich der Harney Peak?," fragt Campbell. „Oder ist es Jerusalem, Rom oder Mexico City?" „Weder noch," antwortet er, „denn dies sind geografische Orte, die den Mittelpunkt der Welt nur versinnbildlichen. Sie sind Symbole für das spirituelle Prinzip des Weltmittelpunkts."

Was Black Elk uns sagen will, ist laut Campbell, dass dieser zentrale Punkt, an dem sich alle Linien kreuzen, in jedem von uns liegt, und dass wir alle eine Verkörperung dieses Mysteriums sind.

Linda L. Stampoulos

Epilog: DIE GROSSE VISION

Als ich neun Jahre alt war, wurden viele Pawnees getötet und wir verlegten unser Lager zu den Rocky Mountains. Ich konnte bereits ganz gut Präriehühner, Moorhühner und anderes Kleinwild jagen. Damals übte ich mich auch im Schlammschleudern.

Als ich einmal nahe dem Crow-Camp am Little Bighorn dahinritt, hörte ich, wie eine Stimme mich rief. Wir hatten das Nachtlager kurz vor dem Greasy Grass (Little Bighorn River) aufgeschlagen und ein Mann namens Man Hip lud mich zum Abendessen ein. Während wir aßen, hörte ich eine Stimme. Sie sprach: „Es ist Zeit. Jetzt rufen sie dich." Da wusste ich, dass die Geister mich riefen, und ich war bereit, zu gehen, wohin sie wünschten. Als ich aus dem Zelt trat, schmerzten mich beide Oberschenkel.

Am nächsten Tag wurde das Lager abgebrochen und ich ritt zusammen mit einigen anderen. An einem Bach hielten wir an, um zu trinken. Als ich vom Pferd stieg, gaben meine Beine nach und ich konnte nicht mehr gehen. Die anderen Jungen halfen mir auf, und als wir das nächste Camp errichteten, war ich sehr krank. Am folgenden Tag zogen meine Leute weiter und brachten mich zum Versammlungslager der Sioux, wo ich noch immer sehr krank ankam. Beide Beine und Arme und sogar mein Gesicht waren dick angeschwollen. Das alles hatte ganz plötzlich angefangen.

Während ich im Tipi lag, sah ich durch die Zeltwand die beiden Männer, die ich schon früher gesehen hatte, aus den Wolken kommen. Ich erkannte, dass es dieselben waren wie in meiner ersten Vision. Ein Stück von mir entfernt blieben sie

stehen und sprachen: „Beeile dich, dein Großvater ruft nach dir."
Als sie wieder weggingen, stand ich auf, um ihnen zu folgen. Wie ich aus dem Tipi trat, sah ich die beiden Männer wieder in den Wolken verschwinden, und zugleich kam eine kleine Wolke zu mir herunter und hielt vor mir an. Ich stieg auf diese Wolke und sie trug mich empor, den beiden Männern hinterher. Als ich zurückschaute, sah ich, wie mein Vater und meine Mutter mich anblickten, und es tat mir leid, sie zu verlassen.

Ich folgte diesen Männern in die Wolken empor und sie offenbarten mir die Vision eines kastanienbraunen Pferdes, das inmitten der Wolken stand. Einer der Männer sprach: „Schau es an, das Pferd mit vier Beinen, und du wirst sehen." Und wie ich dastand und das Pferd anblickte, da begann es zu sprechen und sagte: „Schau auf mich, denn die Geschichte meines Lebens sollst du sehen. Und schaue auch auf jene, die dort sind, wo die Sonne untergeht. Denn auch ihre Lebensgeschichten sollst du erfahren."

Ich blickte in die genannte Richtung und sah zwölf schwarze Pferde im Westen, wo die Sonne untergeht. Alle trugen Halsketten aus Büffelhufen. Über den zwölf Pferden sah ich Vögel. Und ich fürchtete mich sehr vor den zwölf Pferden, denn sie waren umgeben von Blitzen und Donner.

Dann zeigten sie mir die zwölf weißen Pferde mit Halsketten aus Hirschzähnen und sprachen: „Schau sie an, die dort leben, wo der Riese wohnt (Norden)." Und über diesen Pferden sah ich weiße Gänse fliegen.

Darauf wandte ich mich gen Osten, wo immerfort die Sonne scheint. Die Männer sprachen: "Schau sie an, die dort leben, wo immerfort die Sonne scheint." Und ich erblickte zwölf rotbraune Pferde. Sie trugen Hörner und über ihnen flogen Adler.

Schließlich schaute ich in die Richtung, in die man immer blickt, nach Süden, und sah dort zwölf falbe Pferde stehen. Die Männer sprachen: „Schau sie an, die dort leben, wohin man immer blickt." Und auch diese Pferde trugen Hörner.

Zu Beginn der Vision waren sie alle Pferde. Zwei der Gruppen trugen Halsketten, die Rappen und die Schimmel, die anderen beiden trugen Hörner, die Füchse und die Falben.

Als ich all das gesehen hatte, sprach der Kastanienbraune zu mir und sagte: „Deine Großväter halten eine Ratsversammlung. Diese hier werden dich hinführen. Darum sei mutig." Daraufhin stellten sich die Pferde in Reih und Glied auf, immer zwölf nebeneinander und in vier Reihen hintereinander: die Rappen, die Schimmel, die Füchse und die Falben. Als sie so standen, blickte der Kastanienbraune nach Westen und wieherte. Ich schaute ebenfalls dorthin und erblickte riesige Herden von Pferden in allen Farben. Sie wieherten alle zurück und es klang wie Donnerhall. Dann wieherte der Kastanienbraune nach Norden und auch dort erschienen Pferde in allen Farben, die zurückwieherten. Nun wieherte er nach Osten und auch von dort antworteten ihm viele Pferde. Schließlich blickte er gen Süden und wieherte erneut, worauf ihm die Pferde von dort ebenfalls antworteten.

Der Kastanienbraune sprach zu mir: „Schau sie an! Deine Pferde tanzen." Ich blickte umher und sah Millionen von Pferden, die mich umringten – einen ganzen Himmel voller Pferde. Da sprach der Kastanienbraune: „Beeile dich". Er ging an meiner Seite und die achtundvierzig Pferde folgten uns. Ich blickte mich nach ihnen um und sah, wie sich all die tanzenden Pferde in Büffel, Hirsche und andere Tiere und Vögel verwandelten und in ihre jeweilige Himmelsrichtung zurückkehrten.

DER KASTANIENBRAUNE FÜHRT BLACK ELK ZUM WOLKEN-TIPI DER SECHS GROSSVÄTER.

Ich folgte dem Kastanienbraunen, der mich zu einem Ort auf einer Wolke unter einem Regenbogentor führte. Dort saßen meine sechs Großväter hinter einer Regenbogenpforte und die Pferde hinter mir hielten an. Ich sah mich flankiert von zwei Männern, die ich als jene aus meiner ersten Vision wiedererkannte. Indessen nahmen die Pferde wieder ihre ursprüngliche Position nach den vier Himmelsrichtungen ein.

Einer der Großväter sprach zu mir: "Fürchte dich nicht. Komm getrost herein" (durch die Regenbogenpforte). Also ging ich hinein und stand vor ihnen. Und die Pferde aus den vier Himmelsrichtungen wieherten mir aufmunternd zu, als ich durch die Regenbogenpforte trat.

Der Großvater der Richtung des Sonnenuntergangs sagte: „Deine Großväter überall auf der Erde und in der ganzen Welt halten eine Ratsversammlung. Du wurdest dazu berufen und du bist hier. So schaue denn in die Richtung, wo die Sonne untergeht. Von dort werden sie kommen, du wirst sehen. Von ihnen sollst du meine Willenskraft erfahren, denn sie werden dich zum Mittelpunkt der Welt führen und alle Nationen werden erzittern. Schaue dorthin, wo die Sonne immerfort scheint, denn dorthin werden sie dich führen."

Daraufhin zeigte mir der erste Großvater einen hölzernen Becher, gefüllt mit Wasser. Er hielt ihn mir entgegen und sprach: „Fasse Mut und fürchte dich nicht, denn du sollst ihn kennen. Schaue auf ihn, den du verkörpern sollst. Indem du ihn verkörperst, wirst du auf Erden sehr mächtig und mit vielen Kräften begabt sein. Er ist dein Geist und du bist sein Körper. Und sein Name ist Eagle Wing Stretches (Adlerschwinge-breitet-sich-aus)."

Als ich aufblickte, sah ich Flammen aus dem Regenbogen emporsteigen. Der erste Großvater reichte mir einen Becher Wasser und einen Bogen mit einem Pfeil und sprach: „Sieh her. Was ich dir gebe, wirst du brauchen, denn du wirst gegen unsere Feinde kämpfen und ein großer Krieger sein." Dann reichte er mir den Wasserbecher und sprach: „Nimm diesen Becher, denn mit ihm wirst du ein großer Heiler sein." (Das bedeutet, dass ich mit diesem Wasser alle Krankheiten auf Erden würde heilen können.)

Nachdem er so gesprochen hatte, stand er auf und begann gegen Sonnenuntergang zu laufen. Und wie er lief, da verwandelte er sich in ein schwarzes Pferd, das sich umwandte und mich ansah. Und im selben Moment wurde es plötzlich zu einem sehr schwachen und kranken Pferd.

Nun erhob sich der zweite Großvater und sagte: "Nimm dies und eile." So nahm ich aus der Hand des zweiten Großvaters ein Heilkraut. Ich wandte mich damit dem sterbenden Pferd zu und streckte ihm das Heilkraut entgegen. Und das heilige Kraut machte den Rappen sofort wieder gesund und stark. (Dies bedeutet, dass ich mit diesem Kraut viele Krankheiten heilen und Kinder wieder gesund machen kann.)

Der zweite Großvater verkörperte den Norden und er sprach: "Schaue auf die Mutter Erde, denn du sollst eine Nation schaffen." Der Kastanienbraune stand neben dem Rappen und sprach zu mir: „Vater, bemale mich, denn ich werde auf Erden eine Nation erschaffen." Der zweite Großvater, der des Nordens, fuhr fort: „Fasse Mut und schaue, denn du sollst die Schwinge des mächtigen Riesen verkörpern, der im Norden lebt." Darauf erhob er sich, lief nach Norden und verwandelte sich in eine weiße Gans. Ich blickte zu den schwarzen Pferden und sie waren Donnerkrachen. Und die weißen Pferde des Nordens verwandelten sich in weiße Gänse. Der zweite Großvater aber sprach: „Schaue denn auf deinen Großvater, denn diese Gänse werden in Zyklen von einem Ende der Erde zum anderen fliegen. Durch die Macht des Nordens werde ich alle zum Seufzen bringen, so wie die Gänse seufzend rufen, wenn sie im Frühjahr gen Norden ziehen, weil die schwere Zeit vorüber ist."

Das Lied des ersten Großvaters:

> Sie erscheinen, mögest du sie schauen.
> Sie erscheinen, mögest du sie schauen.
> Das Donnervolk erscheint, mögest du es schauen.

Das Lied des zweiten Großvaters:

> Sie erscheinen, mögest du sie schauen.
> Sie erscheinen, mögest du sie schauen.
> Das Volk der weißen Gänse erscheint, mögest du es schauen.

Hierauf sprach der dritte Großvater, der von dort, wo immerfort die Sonne scheint, und sagte: „Junger Bruder, fasse Mut, denn über die ganze Erde hinweg werden sie dich bringen. Sieh diese." Er zeigte auf den Morgenstern und unter diesem Stern sah ich zwei Männer fliegen. „Von ihnen sollst du Macht empfangen. Alle Gefiederten der Welt hat er erweckt und er hat erweckt alle Lebewesen, die auf der Erde gehen (Tiere, Menschen etc.). Und als der dritte Großvater so sprach, da hielt er in seiner Hand eine Friedenspfeife. Ein Schreiadler (spotted eagle) mit ausgebreiteten Schwingen war auf dem Pfeifenrohr zu sehen. Er schien zu leben, denn er bewegte sich. „Schau ihn an", sprach der dritte Großvater und wies auf einen Mann, der ganz mit roter Farbe bemalt war, der Farbe des Guten und der Fülle. Dieser legte sich hin und als er sich wieder erhob, hatte er sich in einen Büffel verwandelt. „Schau ihn an," sprach der dritte Großvater wieder. Der Büffel rannte nach Osten und als er dort die Pferde ansah, verwandelten sie sich alle in Büffel.

Nun sprach der vierte Großvater zu mir und sagte: „Schau auf mich, jüngerer Bruder. Den irdischen Mittelpunkt eines Volkes werde ich dir geben mit der Macht der vier Himmelsrichtungen. Mit der Macht der vier Himmelsrichtungen wirst du einhergehen wie ihr Verwandter. Schaue auf die vier Himmelsrichtungen. Und als er so gesprochen hatte, schaute ich und sah, dass in jeder der vier Richtungen einen Häuptling. (Als ich zum Mann heranwuchs, gab es keine Kriege mehr, und alle Indianer wurden wie Weiße. Hätte damals unter den Indianer noch der richtige Geist geherrscht, so wäre ich zum größten und mächtigsten Medizinmann aller Zeiten geworden.)

Der vierte Großvater hielt einen Stab in seiner Hand und sprach: „Sieh hier. Mit diesem Stab als dem irdischen Mittelpunkt des Volkes wirst du viele erretten." Ich blickte auf den Stab und sah, dass er Zweige trieb und in seinem Wipfel sangen allerlei Vögel. Der vierte Großvater fuhr fort: „Auf diesen Stab sollst du dich stützen, damit auch dein Volk sich darauf stütze. Er soll die Stütze der Nation werden. Schau auf die Erde, denn über sie führen zwei Pfade. Sieh den heiligen Pfad. Er führt von dort, wo der Riese wohnt (Norden), nach dort, wohin wir immer blicken (Süden). Dieser Pfad soll der deines Volkes sein. Von ihm sollst du Gutes empfangen." (Der heilige rote Pfad von Norden nach Süden symbolisiert den guten Lebensweg für reine Seelen.)

Daraufhin wies der vierte Großvater auf den Pfad, der von dort, wo die Sonne immerfort scheint (Osten), dorthin führt, wo sie untergeht (Westen), und er sprach: „Sieh, dies ist der Pfad der Donnerwesen (Pfad der Furchtsamkeit). „Schau auf den schwarzen Pfad, denn er wird ein schrecklicher Weg sein. Mit ihm sollt ihr euch selbst verteidigen." Das heißt: Wenn ich in den

Krieg ziehe, so werde ich von diesem Pfad die Macht erhalten, meine Feinde zu vernichten. Vom roten Pfad hingegen werde ich die Macht erhalten, Gutes zu tun. Von Ost nach West habe ich die Macht zu zerstören; von Nord nach Süd die Macht Gutes zu tun.

„Schau auf die Erde und die vier Aufstiege, die du gehen wirst." (Das bedeutet, dass die Kraft mich vier Generationen hindurch begleiten wird.) Darauf wandte sich der vierte Großvater ab, ging in Richtung Süden und wälzte sich auf der Erde, wodurch er sich in ein Pferd verwandelte. Er wälzte sich ein zweites Mal und verwandelte sich in einen Hirsch. So stand er zwischen den falben Pferden und sie verwandelten sich ebenfalls in Hirsche.

Der fünfte Großvater, der den Großen Geist verkörperte, sprach: „Junge, ich habe nach dir geschickt und du bist gekommen. So sollst du meine Macht schauen." Er streckte die Arme aus und wurde zu einem Schreiadler. Dann sprach er: „Sieh, all die geflügelten Tiere unter dem Himmel werden zu dir kommen. Alle Dinge am Himmel werden wie Verwandte für dich sein" (das bedeutet die Sterne). Mit meiner Macht werden sie dich über die Erde tragen. Wenn deine Großväter gegen einen Feind kämpfen und ihn nicht besiegen können, so wirst du die Macht haben, ihn zu bezwingen. Gehe mit mutigem Herzen. Das ist alles." Daraufhin erhob sich der Adler über meinen Kopf und ich sah, wie alle Tiere und Vögel kamen, um mir ihre Ehre zu erweisen.

Schließlich sprach der sechste Großvater und sagte: „Junge, fasse Mut. Du wolltest meine Macht auf Erden, so sollst du mich schauen. Wenn du auf die Erde zurückkehrst, sollst du meine Macht haben. Dein Volk wird auf Erden viel Schweres erleiden. Gehe zu ihm. Sieh mich an, denn ich werde dich verlassen." Der sechste Großvater war ein sehr, sehr alter Mann mit schneeweißen Haaren. Ich sah ihn, durch die Regenbogen-Pforte hinausgehen und ich folgte ihm. Jetzt saß ich auf dem kastanienbraunen Pferd, das ganz am Anfang zu mir gesprochen hatte. Ich blieb reglos und blickte den sechsten Großvater genau an. Er kam mir bekannt vor. Eine Weile stand ich wie gebannt und voller Angst. Und wie ich ihn so anstarrte, da erkannte ich in ihm mich selbst als jungen Mann. Zuerst war er ein sehr alter Mann gewesen, aber nun wurde er immer jünger und jünger, bis er schließlich ein Knabe von neun Jahren war. Als alter Mann indes hielt er in seiner Hand einen Speer.

BLACK ELK GEHT DEN HEILIGEN SCHWARZEN PFAD VON WESTEN NACH OSTEN UND BESIEGT DEN GEIST IM WASSER.

Ich erinnerte mich daran, dass der Großvater des Westens mir einen hölzernen Becher mit Wasser gegeben hatte sowie einen Pfeil und einen Bogen. Durch diesen Pfeil und Bogen sollte ich die Feinde vernichten, mit der Macht des schrecklichen Pfades. Mit dem Wasser des hölzernen Bechers hingegen sollte ich die Menschheit erretten. Das Wasser darin war klar und mit seiner Hilfe sollte ich eine Nation erschaffen (wie mit einer mächtigen Medizin).

Mein Pferd wendete und blickte gen Westen, worauf sich alle übrigen Pferde in vier Reihen hinter mir anordneten, jeweils zwölf nebeneinander: Rappen, Schimmel, Füchse und Falben. Sie wendeten sich nun gegen Norden. „Achte auf deinen Nordwind, auf den Nordwind und das Heilkraut, das sie dir gegeben haben. Mit diesem Kraut und dem Wind sollst du zur Erde zurückkehren." (Das heißt: Mit diesem Kraut sollte ich die Macht haben, Pferde zu retten. Der Wind war Teil dieser Macht. Jedes Pferd, das ich besitzen sollte, würde damit wochenlang rennen können, ohne außer Atem zu geraten.)

Nun schwenkte die ganze Formation nach Osten. Der

Großvater des Ostens ließ die Pfeife los, die er in den Händen gehalten hatte, und sie flog zu mir. „Sieh diese Pfeife, denn mit ihr sollst du Frieden schaffen zwischen den Völkern. Achte sie gut, denn für die Völker der Erde sollst du sie besitzen." Ich nahm die Pfeife und der Großvater des Ostens fuhr fort: „Schau auf den, der nun erscheinen wird, denn von ihm sollst du Macht erlangen." Und wie ich nach Osten blickte, ging dort eben der Morgenstern auf. Ich schaute auf die fuchsroten Pferde und bemerkte, dass sie einen Stern auf ihren Stirnen trugen, der hell strahlte. Dann wandten wir uns gen Süden und der Großvater des Ostens sprach: „Sieh den heiligen schwarzen Pfad, den du gehen sollst." Als ich mich umblickte, sah ich, wie die Falben sich in Formation nach Osten wandten, um mich den Pfad der Zerstörung hinabzuführen. „Wenn du dein Volk diesen Pfad führst, so werden alle Wesen des Universums euch fürchten."

Sie setzten sich nach Osten in Bewegung. Und alle folgten mir. Ich war ihr Führer. Vor mir erblickte ich viele Vögel in der Luft; und hinter mir fürchteten sich alle vor mir. Da waren zwölf Reiter – alle Rechtshänder, außer einem, der Left Hand Charger hieß. Der Reiter des Schimmels hieß One Horn Red, und mir gaben sie den Namen Eagle That Stretches Its Wing.

Vom Pikes Peak, dem höchsten Gipfel des Westens, zogen wir gen Osten, und während wir dahinzogen, bemerkte ich, dass alles auf Erden vor Furcht zitterte. Ich blickte zurück und sah, dass meine zwölf Reiter und die Mähnen und Schwänze der Pferde mit Hagel geschmückt waren, und die Männer waren ganz von Hagel bedeckt. Ich ritt dahin als der Häuptling aller Himmel und wie ich hinunterblickte, sah ich, dass der Hagel von diesen Männern und Pferden auf die Erde niederprasselte. Im Dahinreiten überblickte ich das das Land unter mir und ich erinnere mich gut an den Zusammenfluss des Missouri River. Dort stand ein Mann inmitten einer Flamme und die Luft um ihn war von Staub erfüllt. Ich erkannte, dass er der Feind war, der mich angreifen würde. Unter mir sanken sämtliche Kreaturen tot zu Boden, denn er vernichtete alles.

Während wir uns diesem Ort näherten, sangen wir ein heiliges Lied von der Friedenspfeife und dem Adler; und alle Reiter hatten dies als Waffe. Die Fuchsroten sangen zuerst. Das Lied der vier Himmelsrichtungen:

Ich selbst habe sie in die Flucht geschlagen,
Denn ich trug die Feder eines Adlers.
Ich selbst habe sie in die Flucht geschlagen.

Ich selbst habe sie in die Flucht geschlagen,
Denn ich trug das Zeichen des Windes.
Ich selbst habe sie in die Flucht geschlagen.

Die Donnerwesen sangen:

Ich selbst habe sie in die Flucht geschlagen,
Denn ich trug das Zeichen des Hagels.
Ich selbst habe sie in die Flucht geschlagen.

Dann sangen diejenigen im Westen:

Ich selbst habe sie in die Flucht geschlagen,
Ich selbst habe sie in die Flucht geschlagen.

Plötzlich spritzte das Wasser auf, von etwas, das sich vor mir fürchtete, und Flammen loderten daraus empor. Die zwölf Reiter aus dem Westen griffen diesen Mann an (den Mann in den Flammen, d.Ü.), aber sie konnten ihn nicht zerstören. Er kämpfte gegen sie und schlug sie zurück nach Süden. Die weißen Reiter aus dem Norden griffen ihn an, aber auch sie konnten ihn nicht töten. Die Reiter aus dem Osten griffen ihn an, doch auch sie versagten und wurden zurückgeworfen. Sie standen nach Norden gewandt. Dann griffen ihn die Falben aus dem Süden an und scheiterten ebenfalls. Nachdem sie alle diesen Mann angegriffen hatten und unterlegen waren, blickte ich auf das spritzende Wasser und sah einen blau bemalten Mann daraus auftauchen. Da schrien alle: „Er kommt!" und liefen davon. „Eagle Wing Stretches, beeile dich," riefen sie mir zu, „denn dein Volk auf der ganzen Welt fürchtet sich. Beeile dich!" Im gleichen Moment verwandelten mein Pfeil und der Bogen sich in einen großen Speer und ich hörte, wie das ganze Weltall mich anspornte. Sofort ritt ich selbst zum Angriff auf den Feind, mit dem Speer in der einen und dem Wasserbecher in der anderen Hand. Und während ich angriff, jubelten alle mir zu und riefen: „Beeile dich!" Eben als der Mann das Wasser erreichte, stieß ich auf ihn herab und durchbohrte sein Herz. Man sah den Blitz aus meinem Speer zucken, als ich ihn durchbohrte. Darauf fasste ich ihn und schleuderte ihn weit von mir. Und als ich meinen Speer wieder herauszog, verwandelte sich der Mann in eine Schildkröte. Nachdem ich den Feind getötet hatte, rückten die Reitertruppen vor, ihm einen Schlag (Coup)[23] zu versetzen, worauf sie sich wieder zurückzogen. Alles, was zuvor tot gelegen hatte, kehrte nun ins Leben zurück und jubelte mir zu, weil ich diesen Feind besiegt hatte. (Dies bedeutet, dass ich in einer zukünftigen Schlacht einen gefährlichen Feind besiegen werde.)

BLACK ELK GEHT DEN HEILIGEN ROTEN PFAD VON SÜDEN NACH NORDEN.

Ich wurde zu allen vier Enden der Welt geführt. Dann kam ich wieder auf die Erde herunter und wir folgten dem Missouri

---

[23] Der *Coup* (frz. Schlag), den man dem Gegner mit der Hand, mit einem speziellen Coup-Stock, der Peitsche, dem Bogen o.ä. versetzte, galt bei den Plains-Indianern als eine der höchsten Kriegsehren. Coups wurden als „Verdienstpunkte" gezählt, wobei der Coup auf einen lebenden Gegner mehr galt als der Coup auf einen Gefallenen. Auf Gefallene konnten – je nach Stamm – nur ein bis vier Coups gezählt werden.

River. Bald entdeckten wir ein ringförmig angelegtes Lager. Einer deutete auf das Lager und sprach: „Siehe dieses Volk; dein Volk ist es." Sie hielten südlich davon an und gaben mir den Stab mit den Zweigen daran. „Schau auf diesen Stab," sagten sie, „mit diesem Stab sollst du mit deinem Volk dort wandern, wo der Riese wohnt (Norden)."Ich sollte diesen Stab meinem Volk bringen, damit es sich darauf stütze. Mit ihm würde es den roten Pfad wandern und auch mit der Pfeife. Sie zeigten mir das Volk, das ich schaffen würde. Und der Geist des Südens sprach: „Sieh her! Dein Volk und deine Nation. Beeile dich."

Sie zeigten mir ein Tipi, das östlich des Dorfes für sich alleine stand. Dort sah ich Frauen, Kinder und Männer im Sterben. Der Geist des Südens mahnte mich: „Schau sie an und beeile dich." Ich sah einen Mann, dessen Körper sich grau verfärbte und aus dessen Mund rote Flammen kamen. Der Anblick versetzte mich in große Angst und ich wollte weglaufen. Doch plötzlich wehte der Wind von Süd nach Nord. Und als ich vor dem Tipi vorbei ging, erhoben sich alle Menschen und waren gesund. „Auf diese Weise wirst du die Menschen erretten," sprach der Geist des Südens. Ich sollte also nach meiner Rückkehr auf die Erde ein Medizinmann sein, ein *Wakan Wicasa* (heiliger Mann).

Dann brachten sie mich zurück ins Zentrum des Lagers, wo sich alle Leute um mich versammelten, und der Geist des Südens sprach zu mir: „Gib deinem Volk die heilige Pfeife und den blühenden heiligen Stab." Ich reichte den Leuten die Pfeife und den Stab und alle jubelten. Auf diesen Stab würden sie sich stützen können und er würde ihnen Frieden und Gesundheit schenken. Der Geist des Südens sprach: „Dein Volk soll den roten Pfad wandern, dorthin wo der Reise wohnt" (von Süden nach Norden). Darauf sprach der Großvater des Nordens: „Gib deinem Volk dein heiliges Kraut und gib ihm auch deinen heiligen Wind, auf dass sie dem Wind mutig entgegenblicken.

Und sie sollen wie Verwandte deines Windes sein. Schau auf deine Leute, denn sie sollen das Lager abbauen und aufbrechen. Schau auf sie." (Das Abbrechen des Lagers bedeutet hier, dass sie stets erfolgreich sein sollen.)

Diese Männer waren bereit, zu den Geistern zu beten und sie um Hilfe anzurufen. Sie waren bereit, für die Geister zu beten. Einer des Volkes begann zu rufen: "Hey, hey, hey, hey!" Und einer der Großväter sprach darauf zu den Leuten: „Seht eure Großväter, denn sie werden zusammen mit euch losziehen." Die Leute brachen das Lager ab, während von den vier Pferdegruppen jeweils ein Ross vortrat. Der Reiter des Rappen brachte ihnen das Heilkraut, der Reiter des Schimmels brachte den heiligen Wind, der Reiter des Fuchses brachte die heilige Pfeife und der Reiter des Falben den blühenden Stab. Dann zogen alle zusammen los. Vier weitere Reiter, einer aus jeder Himmelsrichtung, traten vor und reichten mir einen Reif. Mit diesem Reif sollte ich eine Nation schaffen, zum Gedeihen meines Volkes.

Der Reif symbolisiert die Ältesten – und sie verkörpern die Nation. Sein Mittelpunkt versinnbildlicht das Wohlergehen des Volkes. Meine Aufgabe war es, eine Nation erschaffen – sei es im Wohlergehen oder in der Not. Wie er mir den heiligen Reif übergab (jeder Reif steht für eine Nation), sprach der Geist des Westens: „Schau, dieser heilige Reif. Er ist das Volk, das dir gehören wird" (was bedeutete, dass dies meine Leute sein würden). In seiner Linken hielt der Geist den Reif, in seiner Rechten den Pfeil und den Bogen und er sprach: Diese Nation soll dir gehören und mit diesem Pfeil und dem Bogen wirst du deine schlimmsten Feinde auf Erden besiegen." Zugleich hielt er den hölzernen Becher mit Wasser empor und sprach: „Und hierdurch werden deine erbittertsten Feinde zahm werden." (Ich würde alles erobern können, ohne verwundet zu werden. Mit diesem Pfeil und dem Bogen würde auch mein Volk dazu in der Lage sein, das Gleiche zu vollbringen wie ich. Sie haben dieses Mittel im Kampf gegen Custer eingesetzt, und nicht einer der Soldaten war ohne einen Pfeil in seinem Fleisch davongekommen. Im Kampf gegen Custer hat das sehr gut geholfen).

Die Donnerwesen (Blitze) haben die Macht zu töten und das Wasser hat die Macht zu heilen. Wir würden uns auf das Wasser verlassen können, um uns Leben zu spenden, und auf die Blitze, um damit zu töten. Dieses Wasser lässt als Pflanzen sprießen. Wasser ist die große Kraft des Lebens. Das Wasser in dem Holzbecher symbolisierte einen großen See. Als ich den Geist am Ursprung des Missouri River besiegt hatte, hatte ich die Kraft des Wassers empfangen, und jetzt empfing ich ebenfalls die Kraft des Wassers. Alles Leben ist vom Wasser abhängig. Hätte ich den bösen Geist nicht besiegt, so hätte ich auch diese Kraft nicht gewonnen. Die Leben spendende Kraft des Wassers war mir durch meinen Sieg über den bösen Geist zugefallen. Die drei Quellflüsse des Missouri bilden den Ursprung des Großen Wassers. Als ich den bösen Geist besiegt hatte, hatte ich die Kontrolle über die Kraft des Wassers erlangt. Viele Menschen waren dort gestorben, weil der Geist ihnen das Wasser verweigert hatte. Doch nachdem ich gekommen war und den Feind vernichtet hatte, lebten alle wieder und waren gesund. Ich hatte die Dürre besiegt und würde mein Volk auch aus jeder Not erlösen können, in die es geraten sollte.

Jeder Mensch, der den Morgenstern sieht, wird mehr sehen als nur den Stern und dadurch an Wert gewinnen. Wer aber den Morgenstern nie sieht, der wird auch niemals Wert erlangen.

Ich denke oft an diesen Traum. Er lebt in mir. Oft fühle ich mich dann schlecht, oft aber auch gut. Es war ein Traum der

Kraft und er wird nie vergessen sein, solange ich lebe. Stell dir einen Schwarm Bienen vor. Du weißt, dass jeder Schwarm eine Königin hat. Alle Bienen gehorchen der Königin; und sie ist darauf bedacht, sich mit allen Bienen gut zu vertragen. Mit meiner Vision verhält es sich ähnlich. Alle Leute mögen mich und ich kann sie beeinflussen. Alle respektieren mich – selbst die Weißen. Und sobald ich jemanden sehe, möchte ich, dass wir uns gut miteinander verstehen; und stets verstehen wir uns gut miteinander.

Weiter sprach der Geist des Südens zu mir: "Die Mächte der vier Himmelsrichtungen werden an ihren jeweiligen Ort in den vier Erdgegenden zurückkehren." Der Geist des Westens sprach: „Schau diesen Mann, der in Richtung Sonnenuntergang sitzt; seine Macht sollst du erhalten und mit ihr den grünen (= glücklichen, heiligen; d.Ü.) Tag." Der Regen kommt hier meist aus westlicher Richtung. (Der Westen steht gleichzeitig für Frühjahr und Sommer.) Und der Geist des Südens sprach: „Schau jenen an, der dort ist, wo der Riese wohnt, auch seine Macht sollst du erhalten – und damit den weißen Tag, der den Winter symbolisiert." Nun kehrte jeder in seine Himmelsrichtung zurück. Der Geist des Südens aber fuhr fort: „Sieh jenen, dort wo wir immer hinblicken, denn auch seine Macht sollst du haben und mit ihr den gelben Tag." Der gelbe Tag steht für den Herbst und auch für die Nacht. Die Nacht, wenn die Sterne scheinen, ist die beste Zeit, um nachzudenken. Weiter sprach der Geist des Südens: „Achte auf deinen Morgenstern, denn von ihm soll dein Volk ein besonderes Wissen erhalten. Jetzt sollen deine Leute mit ihrer Kraft dahinziehen, mit der Kraft, die sie erhalten haben.

Mein Volk ernannte vier Häuptlinge und vier Ratgeber. Für den weiteren Marsch stellten sich die Leute in dieser Reihenfolge auf:

Erstens die vier Geisterreiter, die das Volk anführten.
Zweitens die vier Häuptlinge, die das Volk anführten.
Drittens die vier Ratgeber, die das Volk anführten.
Viertens die alten Männer mit Krücken
Fünftens die alten Frauen mit Krücken.
Sechstens ich selbst als Nachhut.

Weiter sprach der Geist des Südens: „Sieh die vier alten Männer. Ihnen gib den heiligen Reif, denn sie sind in Wirklichkeit Großväter und Urgroßväter aus sehr alter Zeit, von denen das Volk abstammt." Sie hatten sich in der Reihenfolge aufgestellt, dass zuerst die jüngeren Generationen kamen und hinter ihnen die älteren Generationen folgten. Dann setzte sich der Zug in Bewegung, und der Geist des Südens sprach: „So werde ich in der Nachhut gehen und meine Stimme aussenden. Auf diese Weise gehe ich." Ich führte mein Volk, auf dass es allen wohl ergehen möge. Und während ich ging, betete ich zum Großen Geist.

Ich trug ein Amulett des heiligen Rings.
Dieses Volk soll einen Ruf aussenden für seine Kinder.
(Das bedeutet, dass das Volk gedeihen und wachsen wird.)

Lied über das Wachstum des Volkes, gesungen vom Geist des Südens:

Eine Stimme sende ich aus, währen dich gehe (zweimal)
Einen heiligen Reif habe ich getragen.
So sende ich eine Stimme aus, während ich gehe (zweimal)
(Für zukünftige Generationen)

Das erste Kind, das sie anriefen, war Spotted Deer Woman.

Als nächstes rief ich Young Buffalo Woman.[24] Das Volk war jetzt auf einem guten Pfad, auf dem Weg dorthin, wo das Kind lebt. Diese Leute sollen vier weitere Generationen sehen. „Sieh dein Volk wie es geht und den ersten Anstieg erreicht und zeige ihm danach einen weiteren und so fort. Wenn sie die erste Generation (= den ersten Anstieg) erreichen, werden alle Lebewesen auf der Erde und in der Luft jubeln, denn er erste Anstieg steht für die Menschen hier auf der Erde. Sie werden wachsen und gedeihen und es wird ihnen wohl ergehen." Einer der alten Männer zeigte mir den heiligen Reif und sprach: „Sieh, eine gute Nation, eine heilige Nation. Sie zieht wieder in ein gutes Land, das Land der Fülle, und es soll keine Not dort geben. Eine Nation sollst du schaffen und es wird eine heilige Nation sein." Das hieß, dass ich die Kraft erhielt, eine Nation zu schaffen.

Lied beim ersten Aufstieg:

Mögest du sehen, was nach meinem
Wunsch gestärkt werden soll. (Zwei Mal)
Ein gutes Volk soll nach meinem Wunsch gestärkt werden.
Mögest du sehen, was nach meinem Wunsch gestärkt werden soll (Zwei Mal)
Ein heiliges Volk soll nach meinem Wunsch gestärkt werden.
Mögest du sehen, was nach meinem Wunsch gestärkt werden soll. (Zwei Mal)

Nachdem sie dieses Lied gesungen hatten, gingen die Leute weiter. Als sie das Ende erreicht hatten, begannen die Männer und Frauen erneut, Rufe an ihre noch ungeborenen Kinder auszusenden und wieder hielten sie nach der zweiten Generation

---

[24] Im Glauben der Lakota spielt die kollektive Kraft der noch Ungeborenen und jener, die vor uns gelebt haben, eine große Rolle. Diese Geister werden oft angerufen, um ihre Kraft mit der der des Volkes zu vereinen.

an.

Der Mann des Südens sprach: "Sieh, du sollst das Entstehen der Wolken verhindern." Sie waren jetzt am zweiten Aufstieg und ich erhielt die Macht, mein Volk in allen gefährlichen Zeiten zu verteidigen und vor der Vernichtung zu bewahren. Der Mann des Südens sprach weiter: „Sieh deine Nation, die sie dir gegeben haben, denn deine Leute sollen den Tieren und den Vögeln gleichen. So sollen sie auf Erden wandeln." Als sie weiterzogen, sandten die Männer und Frauen wieder Rufe aus an ihre ungeborenen Kinder. Da verwandelte sich das ganze Volk, das den guten Pfad ging, in Büffel und Hirsche[25] und sogar in Vögel der Luft und folgte weiter dem guten Pfad nach Norden. (Dies bedeutete, dass die Indianer Träume und Visionen haben und den Tieren dieser Erde verwandt und mit ihnen verbunden sind. Manche haben Visionen von Hirschen, von Vögeln, sogar von Erdhörnchen und Adlern. Sie ähneln diesen Tieren – und erhalten dadurch deren Eigenschaften und Stärke.)

Als die Tiere dahinzogen, sah ich, dass die Indianer von da an den Tieren verwandt sein sollten und jeder würde seine eigenen Regeln haben. Als ich dies bemerkte, wurden alle Tiere unruhig und ängstlich, da sie fürchteten, nicht wirklich das zu sein, was sie waren. Dieses Volk wanderte auf heilige Weise. Kurz bevor die Leute anhielten, hörte ich, wie sie nach ihren Häuptlingen riefen. Sie hatten Angst und wollten, dass die Häuptlinge rasch kommen. Nachdem sie ihre Häuptlinge gerufen hatten, hielten sie an. Der Geist des Südens sprach: „Sieh dein Volk, es wandert auf heilige Weise. Doch von nun an soll es in Betrübnis wandern. Nun sollst du in den Mittelpunkt des Rings deines Volkes treten. Siehe, in den Mittelpunkt des Stammesrings sollst du treten. So wirst du

---

[25] Mit „Hirsch" ist hier, soweit nicht anders angegeben, stets der amerikanische Wapiti Hirsch (englisch „elk") gemeint

Macht erlangen."

(Der dritte Aufstieg verkörperte alle Arten von Tieren und Vögeln, und von da an hatte jeder seine eigene Vision und seine eigenen Regeln. Der vierte Aufstieg würde schrecklich sein.)

Sie (die Weißen) konnten sich nicht mit uns vertragen und sie kümmerten sich nicht um uns. Die Vögel und die anderen Tiere sind die einzige Rasse, mit der wir uns wirklich gut vertragen. Wir, die Indianer, und die Tiere der Erde – die Büffel, die Hirsche und die Vögel der Luft – wir sind wie Verwandte. Und wir vertragen uns sehr gut mit ihnen, denn von ihnen erhalten wir unsere Kraft und durch sie leben wir. Die Weißen kamen auf diesen Kontinent und sperrten uns Indianer hinter einen Zaun. Und irgendwo anders müssen sie noch einen Zaun errichtet haben, hinter den sie unser Wild gesperrt haben. Wenn die Büffel und Hirsche alle verschwunden sind, dann wird der Große Geist die Weißen zur Rechenschaft ziehen und dann wird vielleicht etwas geschehen.

"Siehe, wenn du in den Mittelpunkt des Rings deines Volkes trittst, wirst du in die vier Himmelsrichtungen laufen." (Niemand soll heilig sein vor mir. Wo ich auch hingehe, nirgends wird eine schwerere Aufgabe vor mir liegen. Alles, was ich beginne, werde ich erfolgreich beenden. Es wird mich nicht einmal große Mühe kosten.)

Dann sang der Geist ein machtvolles Lied:

> In die vier Himmelsrichtungen magst du laufen.
> (Das heißt, ich sollte Macht von ihnen erhalten.)
> Kein Mensch wird heilig sein vor dir.
> So haben sie zu mir gesagt.

Zu dieser Zeit hatte ich alles, was die Geister mir gegeben hatten. Da sprach der Geist des Südens erneut zu mir: „Siehe deine Großväter, die dir die heiligen Dinge gegeben haben. Wenn du einen Feind anblickst, so wird er erzittern" (was bedeutet, dass ich alle Widerstände besiegen werde). „Vergiss auch diesen nie (den Wasserbecher, den ich erhalten hatte), denn durch ihn wird dein Volk Kraft und Macht erhalten."

Als sie bereit waren, den vierten Anstieg der Erde zu ersteigen, sprach der Geist des Südens: „Sieh dein Volk." Da wurden aus den Tieren wieder Menschen und sie waren alle sehr arm und schwach. („O welch erbarmungswürdiger Anblick," sagte Black Elk.) Viele der Kinder waren ganz blass und krank und sie sahen aus wie ein sterbendes Volk. Sie zeigten mir den Ring eines Tipi-Dorfes, und all seine Bewohner waren krank. Ihre Pferde waren nur noch Fell und Knochen. Hier und dort hörte man Frauen klagen und auch Männer. Einige lagen im Sterben, andere waren schon tot. Eine fürchterliche Epidemie hatte das Dorf heimgesucht. Und wieder sprach der Geist des Südens: "Sieh deine Nation." (Was bedeutete, dass sie mir etwas Schreckliches zeigen würden. Ich war nun bereit, zur Erde zurückzukehren, nachdem ich bislang mit den Vögeln durch die Luft geflogen war. Die drei bisherigen Aufstiege waren spiritueller Natur gewesen. Doch nun sollte ich den vierten Teil sehen, und darin würden sie mir alle Härten und Leiden zeigen.

BLACK ELK EMPFÄNGT DAS HEILKRAUT DES NORDENS UND DER HEILIGE BAUM WIRD IM MITTELPUNKT DES RINGS SEINES VOLKES ERRICHTET.

Als ich auf das Volk blickte, da sah ich auf der Nordseite des Dorfes einen Mann, der am ganzen Körper rot bemalt war und eine Lanze hielt (einen indianischen Speer). Er trat in den

Mittelpunkt des heiligen Rings des Volkes, legte sich nieder und wälzte sich auf der Erde. Und als er sich wieder erhob, da war er ein Büffel und stand mitten im Zentrum des Stammesrings. Der Büffel wälzte sich ebenfalls auf der Erde und als er sich erhob, spross an seiner Stelle ein Kraut aus der Erde. Es wuchs und erblühte, sodass ich es erkennen konnte. An der Blüte konnte ich die Art der Pflanze erkennen. Nach der Ankunft des Büffels sahen die Leute schon besser aus, und als der Büffel sich in das Kraut verwandelte, erhoben sie sich alle und schienen wieder ganz gesund. Selbst die Pferde standen auf, streckten sich und wieherten. Dann erhob sich eine leichte Brise aus dem Norden, und ich sah, dass dieser Wind ein Geist war. Als er über das Volk hinwegstrich, kehrte alles Tote ins Leben zurück. Alle Pferde erhoben den Schweif, wieherten und tänzelten umher.

Der Geist des Südens sprach: „Sieh, du hast die Mächte des Nordens gesehen, in der Gestalt des Mannes, des Büffels, des Krautes und des Windes. Das Volk soll den Schritten des Mannes folgen. Wie er sollen sie wandern, wie der Büffel sollen sie leben und durch das Kraut sollen sie Wissen erlangen. Sie werden wie Verwandte des Windes sein." (Von dem Mann erhalten sie Gesundheit, vom Büffel Fleisch und von der Pflanze das Wissen um die Heilung von Krankheiten. Der Nordwind wird ihnen Stärke und Ausdauer verleihen.)

Und wieder sprach der Geist des Südens: „Schau auf ihn, den sie gesandt haben in die Mitte des Stammesrings." Da sah ich, wie die Pfeife mit dem Adler in die Mitte des Stammesrings flog. Der Morgenstern begleitete die Pfeife. Sie kamen aus dem Osten und flogen direkt in den Mittelpunkt. „Mit dieser Pfeife soll dein Volk opfern und es wird ihr gleichen. Die Pfeife wird ihnen Frieden mit allem schenken. Schau auf deinen Adler, denn deine Leute werden wie seine Verwandten sein. Und schau auf den Morgenstern, denn auch ihm werden sie wie Verwandte sein und sie werden Weisheit von ihm erlangen. Eben in diesem Moment ging der Morgenstern auf. Das ganze Volk blickte zu ihm empor, die Pferde wieherten und die Hunde bellten.

(Der blühende Stab stand wieder in der Mitte des Stammesrings.)
Der Geist des Südens sprach erneut: „Sieh die Gestalt des heiligen Rings, denn ihm soll dein Volk gleichen. Und wenn sie ihm gleichen, so werden die Leute Macht haben, denn der Ring hat kein Ende. Und in seiner Mitte sollen sie ihre Kinder aufziehen." Der heilige Ring bedeutet, dass alle Erdteile und Völker der Welt wie eine Nation zusammenstehen sollen. Und innerhalb des Rings soll sich alles vermehren.

Sie errichteten den heiligen Stab im Mittelpunkt des Rings, und in seinem blühenden Geäst hörte man allerlei Vögel singen und alle Menschen und Tiere jubelten und stießen Freudenschreie aus. Die Frauen ließen ihre Tremolos erklingen. Und die Männer sprachen: „Seht diesen Stab! Dort werden wir uns vermehren, denn er ist der heiligste aller Stäbe." Dieser Stab wird für das Volk sorgen und für sein Wachstum. Unter ihm werden wir leben wie Kücken unter einem Flügel. Wie unter dem Flügel einer Henne, so werden wir unter dem blühenden Stab leben.

Gestützt auf den heiligen Stab werden wir wandern und er wird uns stets begleiten. Hier werden wir unsere Kinder aufziehen und unter diesem blühenden Stab werden wir mit unseren Verwandten reden – mit Tieren und Vögeln – als ein Volk. Dies ist der Lebensmittelpunkt der Nation.

Der heilige Stab ist der Pappelbaum („Raschelnder Baum", can wakan). Die Nation ist eine Verkörperung dieses Baums, und wenn sie gedeiht, wird das Volk sich vermehren wie die Vögel in seinem Geäst. Doch dieser Baum hatte nie die Chance zu blühen, da die Weißen gekommen sind. Der Baumstamm ist der Häuptling des Volkes. Wenn dieser Baum zur Blüte gelangt wäre, dann wäre ich oder einer meiner Nachfahren wohl ein großer Häuptling geworden.

Die Leute schlugen dort ihr Lager auf. Ich saß wieder auf dem Braunen und befand mich zusammen mit einem anderen Mann westlich des Lagers. Dieser Mann ist heute noch am Leben und ich hätte ihn vielleicht zum Medizinmann machen können. Doch das war bislang nicht möglich, da ich ihn noch nie getroffen habe. Er lebt am Grass Creek und weiß von alldem nichts. Sein Name ist One Side. Er hielt einen Pfeil und einen Bogen in der einen Hand und einen Becher mit Wasser in der anderen. Ich sah, dass die Leute sich gegen einen Gewittersturm wappneten und ihre Tipis stärker abspannten. Die Gewitterwolke zog heran, Schwalben schossen unter ihr hervor und zusammen mit One Side ritt ich oben auf der Wolke. (Wir waren am vierten Aufstieg und ich sah die Leute vom dritten Aufstieg nun die vierte Anhöhe ersteigen.)

Auf der Erde fiel nun Regen. Ein Geist sagte, sie hätten mir nun alles gezeigt, was auf Erden zu tun sei, und dass ich es nun selbst tun müsse. Es sang sein Lied und es lautete so:

Ein gutes Volk werde ich stark machen.
Das Volk in der Höhe hat dies zu mir gesagt.
Es hat mir die Macht verliehen, dieses Volk stark zu machen.

Dann fegte die Wolke über das Dorf hinweg und die Leute standen westlich davon. Als sie sich umdrehten, war die Wolke ganz verschwunden. Sie hatte die Leute mit Wasser getauft, und alle riefen: "Eagle Wing Stretches, A-ha-hey!" (was bedeutet: "Dank sei Eagle Wing Stretches!"). Die Menschen auf der Erde folgten nun wieder dem guten roten Pfad. Nun musste ich ihnen all meine heiligen Dinge geben, außer dem Pfeil und dem Bogen. Die Pferde waren wieder alle voller Kraft, und die Leute begannen, das Lager abzubrechen. Die Leute nahmen die Gaben an, die ich ihnen brachte und ich ging ihnen auf dem guten Pfad voran. (Der Pfeil und der Bogen verkörperten den Blitzstrahl.)

BLACK ELK TÖTET DEN HUND IN DEN FLAMMEN UND EMPFÄNGT DAS HEILKRAUT DES WESTENS.

Der Geist des Westens sprach (und das Volk wandte sich gen Westen): "Seht, wo die Sonne untergeht, dorthin soll ihr ziehen. Und alles was schwach ist, sollt ihr stark machen auf eurem Marsch." Ich saß auf dem Braunen und auch One Side ritt einen Braunen. Wir führten die Rappen, Schimmel, Falben und Füchse nach Westen. Als sie sich in Marschordnung aufstellten, sprach Left Hand Charger, einer der Reiter der Rappen: „Schau auf deine Großväter. Sie werden deinen Feind suchen. Fasse Mut. Du wirst der Anführer sein." Kaum hatte er dies gesprochen, da rief er nach einem namens Brave Thunder und plötzlich riefen alle nach Black Elk, Eagle Wing Stretches.

Da sah ich eine Flamme aus der Erde emporlodern. Die anderen gingen außen um sie herum. Left Hand Charger ging links um sie herum anstatt rechts, und wir folgten ihm. (Sie waren auf der Westseite der Flamme, als sie anhielten.) Als wir um die Flamme herumkamen, bot sich ein beeindruckender Anblick, und man hörte das Krachen von Blitz und Donner. Left Hand Charger war bereit zum Angriff und sah die Flamme züngeln. Der Schwanz des Pferdes waren Blitze und aus seinen Nüstern schossen Flammen. Als ich vorrückte, konnte ich nichts mehr sehen außer dem Lodern des Feuers, aber ich hörte das Krachen von Blitz und Donner. Die übrigen Truppen umgingen den Feind. Left Hand Charger ritt einen Angriff, um ihn zu töten, doch erscheiterte. Da sprach einer der Geister zu mir: „Eagle

Wing Stretches fasse Mut; jetzt ist es an dir."

Wir machten uns bereit und galoppierten auf unseren Braunen die Wolke hinunter. One Side und ich ritten gemeinsam. Während ich dahinritt, sah ich Blitze aus meinen Pfeilen zucken. Eben als wir die Erde erreichten, trafen wir auf etwas. Ich hörte den Donner rollen und alle jubelten mir zu und riefen: „Unhee!" („Töte!"). Ich hörte meine Leute auf dem guten Pfad, wie sie einander fragten: „Wer hat diesen Feind getötet?" Ich hörte einen sagen, Eagle Wing Stretches habe ihn getötet, und alle jubelten erneut: „Un hah hey!" Ich stieß noch einmal von Westen gegen den Feind, was immer es auch sein mochte, und als ich ihn tötete, sah ich ihn. Es war ein sehr seltsam gefärbter Hund: auf einer Seite war er ganz weiß und auf der anderen ganz schwarz. Jeder trat vor und versetzte dem Hund einen Schlag (coup), was bedeutete, dass sie an seiner Tötung mit beteiligt waren.

Der Geist des Westens sprach: "Wir werden dir nun ein Pferd zeigen. Schau es gut an, denn du sollst es heilen." Sie zeigten mir einen teils bräunlich gescheckten Rappen, der sehr schwach war und nur noch aus Fell und Knochen bestand. Dann reichte mir der Geist des Westens ein Kraut und sprach: „Nimm dies und eile." Ich nahm das Kraut und beschrieb damit einen Kreis über dem Pferd. Und während ich dies tat, riefen alle „A hey, a hey!", um die Kraft der Geister zu rufen. Nachdem ich den Kreis über dem Pferd beschrieben hatte, begann es zu wiehern und sich am Boden zu wälzen. Nun war es ein herrlicher glänzender Hengst. Seine Mähne umwallte ihn wie eine Wolke und er war überall herrlich gescheckt. Wenn er schnaubte, schossen Blitze, und seine Augen strahlten wie Sterne. Plötzlich preschte der Hengst los und hielt dann jäh wieder an. Er wieherte in Richtung Westen und wie er wieherte, erhob sich dort eine große Staubwolke. In dieser Staubwolke galoppierten Millionen von Pferden heran, alle glücklich und voller Feuer. Dann preschte der Hengst in

Richtung Norden, hielt wieder an und wieherte. Und erneut tauchten Millionen von Pferden aus dem Staub vor ihm auf. Nun preschte er nach Osten, wieherte und mehr Pferde erschienen. Dann wiederholte er das Gleiche in Richtung Süden.

Darauf sprach der schwarze Geist (der Großvater des Westens): „Sieh sie dir an, denn dies sind deine Pferde. Deine Pferde werden wiehernd zu dir kommen. Sie werden tanzen und du wirst sie sehen. Sieh sie dir gut an; im ganzen Weltkreis hast du alles vollendet." Dann erschienen vor ihm vier wunderschöne Jungfrauen und standen dort ganz in Rot gekleidet. Eine der Jungfrauen hielt die heilige Pfeife. „Sieh deine Jungfrauen im ganzen Weltkreis. Durch sie sollen alle auf Erden glücklich sein. Aus allen Richtungen des Himmels kommen sie, um sie zu sehen."

Da sang der schwarze Geist ein Lied (den Pferdetanz):

> Meine Pferde, tänzelnd kommen sie aus allen Richtungen des Himmels.
> Meine Pferde, wiehernd kommen sie, tänzelnd kommen sie.
> Aus allen Richtungen des Himmels kommen meine Pferde.

Darauf sang der gescheckte schwarze Hengst dieses Lied:

> Sie werden tanzen; mögest du sie sehen (Vier Mal)
> Ein Volk von Pferden wird tanzen; mögest du sie sehen (Vier Mal)

Die Stimme des Pferdes erfüllte das ganze Universum und alle hörten sie. Sie war schöner als irgend sonst etwas sein kann. Alle Vögel, alle Tiere und alles was unter dem Himmel lebt, hörte dieses Pferd singen. Die Vögel, die Pferde, die Blätter an den Bäumen und die ganze Schöpfung tanzte zur Melodie seines

Liedes. Es klang so schön, dass sie einfach nicht anders konnten als tanzen.

Nachdem er sein Lied beendet hatte, begann der schwarze Hengst zu sprechen und sagte: „Alles im ganzen Weltenkreis ist nun vollendet und dein Volk aller Völker ist glücklich." Dies bedeutet, dass alles lebt: Bäume, Blumen, Gras und alle Tiere sind nun von Leben erfüllt. In meiner Vision vertrat ich die Erde und alles gab mir Macht. Diese Macht wurde mir gegeben, damit alle Lebewesen auf Erden glücklich seien.

Am Ende des vierten Anstiegs sah ich, wie alle Pferde in ihre Himmelsrichtung zurückkehrten. Der schwarze Hengst ging zurück nach Westen, wo seine Heimat lag. Die Vögel und alle Wesen unter dem Himmel sangen, die Frauen sangen und die Blätter an den Bäumen sangen, als sie in ihre vier Himmelsrichtungen zurückkehrten.

Der Reiter des Rappen aus dem Westen sprach: "Im ganzen Weltenkreis haben sie einen Tag des Glücks vollendet." Und als er so sprach, da erstrahlte der Tag in voller Schönheit, die Natur prangte in üppigem Grün, die Vögel sangen und die Bäche sangen, indem sie klar dahinflossen. Und man sah, dass die Leute dort unten sehr glücklich waren. Hirsche und Büffel sprangen und jagten vor Freude dahin. Das ganze Land erstrahlte in höchster Pracht und Früchte wuchsen im Überfluss.

BLACK ELK WIRD IN DEN MITTELPUNKT DES ERDKREISES GEFÜHRT UND EMPFÄNGT DAS MORGENSTERN-KRAUT.

Der schwarze Geist des Westens sprach: "Sieh diesen Tag, denn er soll dein Tag sein." Sie sagen, ich werde die Macht haben, den Menschen viele glückliche Tage zu bescheren. „Fasse Mut, denn wir werden dich in den Mittelpunkt des Erdkreises führen."

Sie (die Geister) sprachen: "Sieh das Zentrum des Erdkreises, denn dorthin werden wir dich führen." Und als ich mich umsah, erblickte ich große Berge, von Felsen und Wäldern bedeckt. Und von den Bergen sah ich Licht aller Farben in die vier Himmelsrichtungen strahlen. Dann führten sie mich auf den Gipfel eines hohen Berges, von dem aus ich die ganze Welt überblicken konnte. Nun hießen sie mich mutig sein, denn sie würden mich ins Zentrum des Erdkreises führen. Alle sechzehn Reiter der vier Himmelsrichtungen begleiteten mich dorthin und auch der Mann namens One Side.

Wir blickten nach Osten. Ich bemerkte etwas Merkwürdiges und stellte fest, dass es zwei Männer waren, die aus dem Osten kamen und Flügel hatten. Und jeder trug einen leuchtenden Stern auf der Brust. Die beiden Männer näherten sich und blieben unmittelbar vor uns stehen. Darauf sprach der schwarze Geist des Westens: „Schau sie an, denn auf sie sollst du vertrauen." Und als wir so standen, erstrahlte der Morgenstern zwischen den beiden Männern aus dem Osten. Und neben dem Morgenstern war ein zweiter kleinerer Stern zu sehen. Die Männer hielten ein Kraut in den Händen, das sie mir reichten, indem sie sprachen: „Sieh dieses Kraut. Mit ihm sollst du auf Erden alles vollenden, was du beginnst." Als sie mir das Kraut gegeben hatten, hießen sie mich, es auf die Erde hinab fallen zu lassen, und als es die Erde berührte, schlug es Wurzeln, wuchs und blühte. Aus seiner Blüte sah man einen Lichtstrahl bis zum Himmel emporleuchten, und alle Geschöpfe des Erdkreises sahen dieses Licht. (Die Kräuter, die Black Elk als Medizinmann verwendete, hatten vier Farben – gelb, blau, rot und weiß – und sie stammten alle von einer Pflanze. Diese Blüten in vier Farben symbolisieren die vier Himmelsrichtungen und das Kraut, an dem sie wachsen, heißt das Morgenstern-Kaut.)

Der schwarze Geist des Westens sprach: „Sieh das ganze

Erdenrund." Und als ich mich umschaute, sah ich das ganze Land krank und hilfsbedürftig. Dies war die Zukunft, und ich würde diese Menschen heilen. Im Osten und Norden waren die Menschen glücklich, aber im Süden und Westen lagen sie krank und eine Wolke hing über ihnen. Eine Stimme sprach: „Sieh jene, die der Hilfe bedürfen. Du wirst ihnen in der Zukunft die Heilung bringen." Nach einer Weile bemerkte ich, dass die Wolke über den Menschen weiß war. Vielleicht symbolisierte sie die Weißen, die kamen.

Der schwarze Geist de Westens sang:

> Hier und dort mögest du schauen. (Zwei Mal)
> Alles mögest du schauen.
> Hier und dort mögest du schauen. (Zwei Mal)

Sie hatten mich durch die ganze Welt geführt und mir alle Mächte gezeigt. Sie hatten mich ins Zentrum des Erdkreises geführt und auf den Gipfel des Berges, um alles nochmals zu überblicken. Dieses letzte Lied bedeutet, dass ich alles bereits gesehen hatte. Ich sollte das Gute schauen und das Übel. Ich sollte sehen, was gut für die Menschen ist und was ihnen schadet.

BLACK ELK EMPFÄNGT DAS SOLDATENKRAUT DER ZERSTÖRUNG.

Der Reiter des Rappen sprach: "Nun sollst du zu deinen sechs Großvätern zurückkehren." (Das hieß, wir würden zu den sechs Großvätern unter dem flammenden Regenbogen zurückkehren.) „Du sollst nun zu deinen Großvätern gehen. Doch vor dir steht ein Mann mit großer Macht. Sieh hin und erkenne ihn!" Ich sah hinunter zur Erde und erblickte eine Flamme, die wie ein Mann aussah. Doch ich konnte den Mann nicht recht erkennen. Ringsum hörte ich Stimmen, die jammerten und klagten. Große Traurigkeit lag über der Erde. Ich fürchtete mich und zitterte. Wir gingen zur Nordseite des Flammenmannes, und jetzt erkannte ich, dass die Flamme tatsächlich ein Mann war. Sie zeigten mir das Übel in Gestalt dieses Mannes, der ganz schwarz war und über dessen Körper überall Blitze zuckten. Er trug Hörner. Rings um ihn starben die Tiere und alle Lebewesen und alles weinte. (Der schwarze Mann symbolisierte den Krieg.)

„Schau ihn an," sprachen sie. „Eines Tages wirst du seine Kraft brauchen, denn in der ganzen Welt werden Zank und Streit herrschen." Und als sie dies sprachen, verwandelte sich der Mann in eine Taschenratte (engl. gopher). Sie erhob sich auf die Hinterbeine und drehte sich um. Dann verwandelte sich die Taschenratte in ein Kraut. Dies war das machtvollste Kraut von allen, die ich erhalten hatte. Es konnte im Krieg eingesetzt werden und ein ganzes Volk vernichten. (Es ist tatsächlich im Krieg eingesetzt worden und hatte eine sehr zerstörerische Wirkung. Wer dieses Kraut berührt, der wird sofort davon getötet. Nichts kann in seiner Nähe wachsen, denn alles was keimt, wird sofort von ihm vernichtet.)

„Sieh dieses Kraut. Es wird Streit unter den Völkern geben und mithilfe dieses Krautes wirst du dein Volk verteidigen. (Zu der Zeit als ich dieses Kraut hätte einsetzen sollen, war ich noch zu jung dafür, sonst hätte ich viele Feinde damit töten können. Es ist schrecklich, dieses Kraut einzusetzen, und ich war froh, dass ich nicht dazu gekommen bin, es zu benutzen. Die Pflanze wächst in den Black Hills. Jedes Tier, das sich ihr nähert, stirbt. Dort wo die Pflanze wächst, liegen immer viele Skelette umher. Diese Medizin gehört nur mir. Niemand sonst kennt diese Pflanze. Sie ähnelt einem Baum mit gekräuselten, rötlichen Blättern. Ich nenne sie das Soldatenkraut.)

Vier Reiter kamen heran – auf einem braunen, einem grauen,

einem rotbraunen und einem weißen Pferd. Der Reiter des Braunen trug eine Büffelhaube, die lebendig zu sein schien. Man sah Flammen aus Augen und Nüstern zucken. Die Hörner waren lang und gekrümmt, und auf ihnen standen Tiere aller Arten. Der Reiter des Grauen trug eine Kriegshaube mit vielen nach unten gekrümmten Hörnern. Auf diesen Hörnern waren nur Adler zu sehen. Der Reiter des Schimmels trug einen Schreiadler als Haube und hielt einen Speer. Der Reiter auf dem Fuchs schließlich hatte einen Speer, der eine Schlange war, und auf dem Kopf trug er eine Adlerhaube. Die Reiter standen zur Linken des Soldatenkrauts und sangen dieses Lied:

> Meine Großväter, sie haben mich heilig gemacht.
> Sie haben mich heilig gemacht.
> Mögest du mich sehen.
> Mögest du mich sehen.

Als sie das Lied beendet hatten, wendeten die vier Reiter und ritten einen Angriff. Die Luft war so sehr vor Rauch erfüllt, dass ich sie nicht mehr sehen konnte. Ich hörte schnelles Gewehrfeuer, weinende Kinder und Frauen, Pferde, die vor Angst schrien und jaulende Hunde. Dann hörte ich Siegesrufe.

(Ich bin froh, dass ich an dieser Schlacht nicht beteiligt war, denn ich hätte nicht nur die Feinde getötet, sondern vielleicht auch ihre Frauen und Kinder. Daher bin ich froh, dass ich damals nicht in guter Verfassung war. Hätte ich damals gehorcht, so wäre ich wahrscheinlich ein großer Häuptling geworden, aber ich bin froh, dass ich kein Häuptling wurde.)

(Erklärung für die Hauben der Reiter: Die Haube aus einem Büffelkopf bedeutet große Standhaftigkeit. Manche Tiere haben keine Macht und daher auch kein Anrecht, eine Haube zu zieren. Der Adler und das Pferd jedoch besitzen ebenfalls große

Ausdauer. Die Schlange bedeutet Gift für die Menschen. Der Krieg selbst ist etwas Schreckliches.)

Nun verzog sich der Rauch und die Krieger befanden sich am vierten Anstieg. Auf der ganzen Welt war Kriegslärm zu hören. Als sie erschienen, bedeckte Rauch das Kraut, und nachdem er sich verzogen hatte, war nur noch ein Skelett zu sehen. Dieser Krieg dehnte sich über die ganze Erde aus, und der vierte Anstieg steht uns noch bevor. Als die vier Reiter die vierte Anhöhe erreicht hatten, verwandelten sie sich in Schwarzwedel-Hirsche. (Manche Schwarzwedel-Hirsche sind heilig, und wenn man sie erlegen will, so erweist es sich als unmöglich.) Diese Hirsche trugen Wunden an ihren Flanken, die wie Blitze hervorleuchteten. Hier zeigten sie mir die Macht des Heilkrauts und wie man es anwendet. Dann wendeten die Hirsche und blickten von Osten auf das Kraut. Auch der Mann mit den schwarzen Hörnern stand wieder da und er verwandelte sich in eine Taschenratte, dann in ein Kraut und schließlich in ein Skelett.

(Bei seinen Handlungen als Medizinmann hörte Black Elk oft Stimmen singender Frauen überall im Raum.)

Der schwarze Geist sprach: „Achte auf dein Kraut. Solange du es besitzt, wird alles, dem du dich entgegenstellst, ihm gleichen, und die Welt wird erzittern. (Das sollte bedeuten, dass ich im Besitz dieses Krauts die Macht zu Zerstören habe. Und der Streit beim vierten Aufstieg bedeutete Krieg in allen vier Himmelsrichtungen.) „Es wird einen Streit geben zwischen den Winden, und dann wirst du dieses Kraut brauchen."

Die ganze Zeit über hatte ich nicht beachtet, wie ich gekleidet war. Doch nun bemerkte ich, dass ich ganz rot bemalt war und meine Gelenke waren alle schwarz. Ein weißer Streifen zog sich über meine Gelenke und über meinen ganzen Körper. Und wenn ich atmete, so atmete ich Blitze. Mein Brauner war mit Blitzstreifen bemalt und seine Mähne war wie Gewölk.

BLACK ELK KEHRT ZU DEN SECHS GROSSVÄTERN ZURÜCK.

Nun brachten sie mich zurück zu den Großvätern. „Sieh, du sollst zurückkehren dorthin, wo deine Großväter sind," sprach eine Stimme. Dann sah ich den Regenbogen lodern und sah die sechs Großväter dasitzen. (Es war mir vorgekommen, als reise ich mit ihnen, doch nun stellte ich fest, dass ich zu ihnen hin gereist war.) Ich erblickte die ersten beiden Männer (jetzt in Gestalt von Gänsen), die ich ganz am Anfang meiner Vision gesehen hatte. Sie flogen vier Figuren (Kreise): einmal über dem Osten, einmal über dem Westen, einmal über dem Norden und einmal über dem Süden. Und das Volk der Gänse sang dieses Lied:

In vier Kreisen fliegen sie.
Auf heilige Weise.
Mögest du sie sehen.

Und während sie im Kreise flogen, riefen die Gänse: „Br-r-r-rp, br-r-r-p!" Zurück auf der Erde musste Black Elk später den Ruf der Gänse nachahmen, um ihre Macht zu erlangen. Der Geist des Westens sprach: „Achte auf sie, denn sie werden eine heilige Stimme für dich haben." Da empfing ich die Macht des Gänserufs.

Nun führten sie mich zurück. Ich erblickte das Haus des ersten Großvaters. Es hatte Mauern und ein Dach aus Wolken; über ihm zuckten Blitze und unter ihm waren die Vögel der Luft. Und unter den Vögeln waren die Tiere der Erde und die Menschen. Die Menschen auf Erden freuten sich und die Vögel und Tiere, die Blitze und der Donner schienen alle zu lachen. Sie sprachen: "Eagle Wing Stretches kehrt nach Hause." Als ich in das Haus treten wollte, sprach der schwarze Geist: „Sieh deine Großväter, sie halten einen großen Rat." Die Tür wies in die Richtung, in der die Sonne immerfort scheint.

Als ich eintrat, jubelten die Großväter mir zu. Viele jubelnde Stimmen hörte ich. Alle priesen mich. Einige sagten: „Er hat triumphiert!" Bei meinem Eintreten saßen alle Großväter mit ausgestreckten Armen, hielten die Handflächen mir zugewandt und sprachen: „Er hat triumphiert!" Hinter den Großvätern erblickte nichts anderes als Millionen von Gesichtern. Und der Geist des Westens sprach, indem er auf all die Menschen deutete, die mich sehen wollten: „Schau, dein Volk!"

(Alle sechs Männer hielten Holzbecher mit Wasser vor sich.) Ich nahm den Becher des westlichen Geistes und erblickte in seinem Wasser den Büffel. Als er ihn mir reichte, sprach er: „Sieh diesen Becher; er soll dich und dein Volk nähren." (Das bedeutet, dass der Becher für mich und mein Volk bestimmt war, dass sie alle wie Verwandte füreinander sein sollen und dass das Wasser die Macht darstellt, ihnen Kraft zu verleihen und sie zu reinigen. Dieses Wasser wird das Volk glücklich machen.)

Noch einmal schaute ich auf die Menschen und diesmal sah ich ganz genau hin. Da erkannte ich, dass unter ihnen auch Leute anderer Stämme waren, mit denen ich mich auf Erden vertragen sollte. Aber noch war ich nicht ganz sicher, ob sich darunter auch ein Weißer befand oder nicht. (Was ich da sah, ist inzwischen Wirklichkeit geworden, denn nun habe ich tatsächlich Freunde in allen verschiedenen Stämmen, sogar unter den Weißen. Vielleicht werden die Indianer nie wieder gegeneinander kämpfen. Doch die Weißen werden einander bekämpfen und die Indianer werden vielleicht an der Seite der Weißen kämpfen müssen.) Die Menschen waren glücklich. Das erkannte ich, nachdem ich den

Becher genommen hatte.

Der zweite (nördliche) Großvater sprach: "Mein Enkel, im ganzen Universum hast du die Mächte erblickt, und dein Volk ist froh über das, was du getan hast. Du hast den Menschen der Erde die Kraft gegeben, die du empfangen hast, und mutig blicken sie nun gegen den Wind (gemeint ist der Wind des Lebens). Hunderte sollen heilig sein; Hunderte sollen zu Flammen werden." Er trat vor und heftete Schmetterlingskokons an meine Arme: einen roten an das rechte Handgelenk, einen braunen an das linke. (Braun ist eine heilige Farbe und Rot ist die Macht des Blitzes.) „All deine Großväter, die Zweibeiner, die auf der Erde gehen, und jene Wesen, die am Tage fliegen, alle zusammen im ganzen Weltenkreis haben einen Rat abgehalten. Und sie haben dich auserwählt und dir ihre Macht verliehen. Nun sollst du zurückkehren an den Ort, von dem du gekommen bist. Dein Volk ist in großer Not. Sieh auf dein Volk!"

Als sie (die Großväter) das sagten, drehte ich mich um und erblickte mein eigenes Volk. Alle Menschen waren heiter und wohlauf und auch alle Pferde waren gesund und kräftig – nur einer lag krank. Und als ich genau hinsah, da war der eine ich selbst und ich hatte zwölf Tage krank gelegen. Nun war offenbar der zwölfte Tag, an dem ich zu meinem Körper zurückkehren sollte. Man zeigte mir das Dorf, und der zweite Großvater reichte mir einen Becher mit Wasser und sprach: „Sieh diesen Becher." Und in dem Becher erblickte ich einen blau bemalten Mann mit einem Bogen und Pfeilen, der sehr beunruhigt war. Er wollte das Wasser verlassen und flüchten, aber man hieß mich, den Becher leer trinken. Sie sagten: „Eile und trink deinen Becher Wasser." So nahm ich ihn und trank ihn mitsamt dem Mann. Dieser blaue Geist war ein Fisch und ich habe ihn verschluckt. Dadurch erhielt ich eine merkwürdige Kraft und jedes Mal, wenn ich eine Beschwörung (waipa) veranstaltete, konnte ich diesen blauen

Mann hervorkommen und in dem Wasser schwimmen lassen, das ich dazu benutzte (der Fisch verkörpert die Macht des Wassers).

Nun sprach der schwarze Geist und sagte: "Stelle dich zum dritten Großvater." (Jedes Mal, wenn einer der Großväter seine Rede beendet hatte, versank er in der Erde und tauchte wieder empor. Und jedes Mal, wenn ein Großvater sprach, war ich der Erde ein Stück näher gerückt.)

Der dritte Großvater sagte: „Sieh, zwei Tage haben sie dir gegeben, die wie Verwandte sind." Er streckte mir den Wasserbecher entgegen und fuhr fort: „Sieh, was ich dir zeige, denn ihm gleich sollst du leben." Ich erblickte einen Stern im dritten Wasserbecher. Und der Großvater sprach erneut: „Die Geschöpfe auf Erden werden froh sein, dich zu sehen. So fasse Mut. Nun sollst du zurückkehren zu deiner Mutter Erde." Durch diesen Morgenstern im Wasserbecher sollte ich all mein Wissen und meine Kenntnisse erlangen.

Und wieder sprach der schwarze Geist und sagte: "Stelle dich zum vierten Großvater." Als dieser mir den Becher reichte, sah ich, den roten Pfad, der sich quer über den Becher zog. Und er sprach: „Den Pfad der Generationen sollst du wandern. Die Aufstiege deiner Tage sollen heilig sein. Fasse Mut. Deiner Großväter werden über dir wachen in allen vier Weltgegenden."

Und der vierte Großvater sang dieses Lied:

Dort liegt einer in heiliger Weise auf der Erde.
Ich habe ihn wandern lassen. (Fünf Mal)
Dort ist einer, auf der Erde liegt er.
Auf heilige Weise habe ich ihn wandern lassen.

(Black Elk benutzte dieses Lied, wenn er Kranke behandelte.)

Der schwarze Geist sagte: "Stelle dich zum fünften Großvater." Da bemerkte ich einen Becher, der den Großen Geist verkörperte. In diesem Becher befand sich ein Schreiadler mit ausgebreiteten Schwingen. „Alles, was deine Großväter beschlossen haben, das hast du ausgeführt. So nimm dies." Der Adler begann wundervolle Laute zu machen, und ich entdeckte, dass seine Augen funkelten und er tanzte. „Jeden Tag soll dieser Adler über dir schweben. Er hat Augen, die alles sehen (lebendige Augen), und durch sie sollst auch du sehen. In heiliger Weise sollst du zu deinem Volk zurückkehren."

Erneut sprach der schwarze Geist und hieß mich, neben dem sechsten Großvater stehen. Dieser zeigte mir einen Becher voll Wasser, in dem sich kleine Menschen befanden. Er sprach: „Sieh sie an. Sie sollen in großer Beschwernis wandern und du sollst unter ihnen sein. Sechs Zentren sollst du im Ring des Volkes schaffen." (Dies bezog sich auf die sechs Wasserbecher und die sechs Zentren entsprachen den sechs verschiedenen Gruppen oder Stämmen des Volkes: die Oglala, die Hunkpapa, die Sicangu, die Minnicoujou, die Itazipco und die Shihela (ebenfalls dazu gehören die Oohenumpa und die Siha Sapa.)

„Schau sie an. Dies ist dein Volk und du sollst zu ihm zurückkehren. Sechs Zentren umfasst dein Volk und dorthin sollst du gehen. Nun gehe dahin in heiliger Weise. Deine Großväter werden vier Ziele setzen (die vier Weltgegenden)"

Nun begann das Wolkenhaus zu schwanken und alle darin liefen umher. Der Regenbogen über dem Haus bewegte sich auf- und abwärts. „Sieh, der Regenbogen deiner Großväter soll dort errichtet werden, wo die Sonne immerfort scheint." Als ich aus dem Tipi trat, hörte ich alle Lebewesen draußen vor dem Regenbogen-Tipi rufen: „Eagle Wing Stretches kommt heraus! Seht ihn an!" Und nun wurde ich gewahr, dass der sechste

Großvater ich selbst war, eine Verkörperung des Geistes der Menschheit.

"Deine Großväter haben dir zwölf Tage des Glücks geschenkt, und so sollst du zwölf heilige Tage haben. Ein Tag bricht an – sieh ihm ins Gesicht, wenn du vortrittst. So sei es (hecetu yelo). Deine Großväter werden fortziehen. Du sollst das Volk führen. Die Kreaturen der Erde gehen nebeneinander als Verwandte."

Als sie mir den Stern zeigten, brach die Morgendämmerung an und die Sonne stieg empor. Und nachdem sie über den Horizont gestiegen war, hießen sie mich aufbrechen. Ich stand vor dem Regenbogen-Tipi und dies war der glücklichste Moment meiner Vision. Ich blickte in die vier Himmelsrichtungen und sah all die Reiter. Im Westen waren Farben und Blitze und ich sah schwarze Pferde. Im Norden flogen alle Arten von Vögeln und ich erblickte Pferde sämtlicher Farben. Ebenso im Osten. Alle Arten von Pferden begannen im Kreis zu laufen und im Süden liefen die Falben im Kreis. Alle Tiere auf Erden jubelten vor Freude.

Als ich aus dem Regenbogen-Tipi trat, war der sechste Großvater verschwunden, und ich stand an seiner Stelle. Der Großvater des Westens geleitete mich hinaus und alle Pferde wieherten, als ich hervortrat. Jeder Großvater, der aus dem Tipi trat, wurde mit Jubel begrüßt und jeder nahm seinen Platz ein: im Norden, Süden und Osten. Als der des Ostens herauskam, nahm er den Regenbogen mit und stellte ihn auf die Ostseite. Der letzte Großvater befand sich auf der Erde, doch ich wusste es nicht. Und als ich mich auf den Rückweg machte, fühlte ich mich plötzlich allein gelassen. Da hörte ich eine Stimme, die sagte: „Schau zurück und sieh genau." Ich wandte mich um, und das Wolkenhaus war verschwunden. Es war nichts mehr da als ein hoher Berg mit einer großen Lücke darin. (Black Elk kennt den Berg; es ist der Pikes Peak.)

DER SCHREIADLER BEGLEITET BLACK ELK ZURÜCK NACH HAUSE.

Zunächst konnte ich nichts erkennen außer aufgewirbeltem Staub in allen vier Richtungen der Windrose. Doch dann blickte ich auf und sah über mir einen Schreiadler schweben. Offenbar war er es gewesen, der mir gesagt hatte, ich solle zurückschauen. Ich machte mich auf den Weg zurück zum Lager, während der Adler mich bewachte. Niemand sonst war bei mir, außer dem Adler, doch ich wusste, dass ich es alleine schaffen würde, ins Zentrum des Stammeskreises zurückzukehren. Dann sah ich Leute, die mir folgten. Ich erblickte mein eigenes Tipi und schritt schneller aus, um es zu erreichen. Als ich in das Tipi eintrat, sah ich dort einen Knaben im Sterben liegen. Eine Weile stand ich still da, dann erkannte ich, dass der Knabe ich selbst war.

Das Nächste, was ich hörte, war, wie jemand sagte: „Dem Jungen geht es jetzt besser. Man sollte ihm etwas Wasser geben." Ich blickte auf und sah, dass meine Mutter und mein Vater sich über mich beugten. Sie gaben mir eine Medizin. Aber nicht die Medizin hat mich geheilt, sondern meine Vision. Mein erster Gedanke war, dass ich eine Reise gemacht hatte, und meine Eltern offenbar gar nicht wussten, dass ich weg gewesen war. Sie sahen unglücklich aus, und das tat mir sehr leid.

"Der Morgenstern verheißt uns, dass mehr Licht kommen wird." Black Elk erinnert uns daran, dass unsere Jugend und die noch nicht Geborenen das Versprechen der Zukunft sind. Ihr Licht wird auf de guten roten Pfad leuchten und uns helfen, den Weg zurück in den heiligen Ring zu finden. Das Foto wurde zur Verfügung gestellt von der Western History Collection der Denver Public Library, Archivnummer (Call Number) X31545.

Chronologie

1863, Dez.	Black Elk wird am Little Powder River geboren
1861-1865	Bürgerkrieg in den USA; Truppen werden aus dem Westen abgezogen
1865	Der *Bozeman Trail* durch das Sioux-Gebiet wird durch Forts gesichert Die Sioux unter Red Cloud wehren sich gegen das Vordringen der Weißen
1865, 21. Dez.	Fetterman Massaker; Crazy Horse lockt Captain Fetterman und seine Truppe in eine Falle, aus der keiner der Soldaten entkommt
1866	Wagon Box und Hayfield Fight bei den Forts am Bozeman Trail; die Soldaten setzen erstmals Hinterladergewehre ein, mit denen sie den Indianern überlegen sind
1868	Der Bozeman Trail wird geschlossen; die Forts werden aufgegeben und in einem Vertrag wird den Sioux das gesamte Gebiet zwischen Black Hills und Bighorn Mountains "auf alle Zeiten" zugesichert
27.11.1868	Custer überfällt ein Lager der Cheyenne und Arapaho
1869	Erste Bahnverbindung quer über den Kontinent; Ende der Wagenzüge
1873, Herbst	Black Elk empfängt seine große Vision
1873/74	Überwinterung bei Fort Robinson
1874	Frühjahr: Lager bei Fort Keogh und Sonnentanz Goldsucher in den Black Hills
1875	Die Sioux werden ultimativ dazu aufgefordert, sich bis spätestens Januar 1876 in die Reservate zu begeben
1876	Vertrag, der den Sioux die Black Hills auf alle Zeiten zusichert
1876, Juni	Lager am Little Bighorn; Tiospaye-Treffen
25.6.1876	Schlacht gegen Custer Crazy Horse richtet sein Herbstlager am Tongue River ein
1877, 6. Mai	Crazy Horse und 900 Anhänger ergeben sich bei Fort Robinson
1877, 6. Sept.	Crazy Horse wird ermordet
1878 - 1881	Mit Sitting Bull und Gall in Kanada
1878, Juni	Sitting Bull und Gall halten bei Forest Butte in Kanada einen Sonnentanz ab
1880, Frühjahr	Black Elks Stamm verlässt Kanada und kehrt zurück in die Vereinigten Staaten

1882	Black Elk wird Medizinemann
1886-1889	Black Elk reist mit Buffalo Bill und seiner Truppe durch Europa
1890, Frühjahr	Rückkehr der drei Männer von Wovoka Kicking Bear veranstaltet am Cheyenne Creek, nördlich des Pine Ridge Reservats, den ersten Ghost Dance
15.12.1890	Tod von Sitting Bull
28.12.1890	Big Foot hisst eine weiße Fahne und ergibt sich der Armee
29.12.1890	Massaker bei Wounded Knee
30.12.1890	Verwundung von Black Elk im Kampf bei Wounded Knee
1892	Black Elk heiratet Katie War Bonnett und kommt zum ersten Mal mit dem christlichen Glauben in Berührung
1903	Katie War Bonnett stirbt
1905	Black Elk heiratete die Witwe Anna Brings White mit der er drei Kinder hat. Sie stirbt 1941
1931	Black Elks Gespräche mit John Neihardt
1932	Das Buch „Black Elk Speaks" erscheint
1950	Black Elk stirbt im Pine Ridge Reservat, South Dakota

Die Gruppen der Sioux Nation

- SIOUX
    - Dakota (Santee)
        - Mdewakanton
        - Sisseton
        - Wahpekute
        - Wahpeton
    - Lakota (Teton)
        - Blackfeet (Lakota) = Ssihassappa
        - Brulé = Sichangu
        - Hunkpapa
        - Minneconjou
        - Oglala
        - Sans Arc = Itazipchos
        - Two Kettle = Oohenonpa
    - Nakota
        - Yankton
        - Yanktonai

WEITERFÜHRENDE LITERATUR

Deutsche Titel

Black Elk. **Schwarzer Hirsch. Ich rufe mein Volk.** Lamuv Taschenbücher, Bd. 13, Lamuv Verlag, Göttingen, 1993 (Übersetzung von „Black Elk Speaks" nach den Aufzeichnungen von John Neihardt)

Black Elk. **Schwarzer Hirsch. Die heilige Pfeife. Das indianische Weisheitsbuch der sieben geheimen Riten** Lamuv Taschenbücher, Bd. 19, Lamuv Verlag, Göttingen, 1994 (Übersetzung von „Black Elk Speaks" nach den Aufzeichnungen von Joseph Epes Brown)

Campbell, Joseph. **Die Masken Gottes, Band 1: Mythologie der Urvölker.** dtv-Verlag, München 1996

Campbell, Joseph. **Die Masken Gottes, Band 2: Mythologie des Ostens.** dtv-Verlag, München 1996

Campbell, Joseph. **Die Masken Gottes, Band 3: Mythologie des Westens.** dtv-Verlag, München 1996

Campbell, Joseph. **Die Masken Gottes, Band 4: Schöpferische Mythologie.** dtv-Verlag, München 1996

Campbell, Joseph. **Der Heros in tausend Gestalten.** Insel Taschenbuch, Insel Verlag 1999

Campbell, Joseph. **Der Flug der Wildgans. Mythologische Streifzüge.** Piper Verlag 1994

Campbell, Joseph. **Die Kraft der Mythen. Bilder der Seele im Leben des Menschen.** In Zusammenarbeit mit Bill Moyers. Artemis-Verlag, Zürich, 1994

Hartmann, Horst. **Die Plains- und Prärieindianer Nordamerikas.** Museum für Völkerkunde, Berlin, 1973

Höh, Rainer/ Schmid Max. **Rocky Mountains. Amerikas Zauberberge.** Terra Magica Reisebildband, Reich Verlag, Luzern, 1996/97

Jung, C. G. **Gesammelte Werke, 20 Bde. in 24 Tl.-Bdn., Bd.9/1, Die Archetypen und das kollektive Unbewußte.** Walter-Verlag, Dezember 1995

Läng, Hans. **Kulturgeschichte der Indianer Nordamerikas.** Lamuv Taschenbücher Band 58, Lamuv Verlag, Göttingen, 1989

Lindig, Wolfgang/ Münzel, Mark. **Die Indianer, Band 1: Nordamerika.** dtv Wissenschaft, dtv-Verlag, München, 1978

Müller, Werner. **Indianische Welterfahrung.** Ullstein Taschenbuch. Ullstein Verlag, Frankfurt, 1981

Netzel Rebecca. **Sioux/ Lakota Wort für Wort.** Reise Know-How Verlag Peter Rump, 2005, Kauderwelsch Band 193 (ein praktischer und hilfreicher Sprach- und Sprechführer mit Informationen über Kultur und Alltag der Lakota)

Englische Titel

Bailey, Paul. *Ghost Dance Messiah.* Tucson: Westernlore Press, 1986.

Brown, Joseph Epes, ed. *The Sacred Pipe: Black Elk's Account of the Seven Rites of the Oglala Sioux.* Norman: University of Oklahoma Press, 1953.

Campbell, Joseph. *The Hero with a Thousand Faces.* Princeton: Princeton University Press, 1949.

Campbell, Joseph. *The Masks of God: Primitive Mythology.* New York: Viking Penguin, Inc., 1959.

Campbell, Joseph. *The Masks of God: Occidental Mythology.* New York: Viking Penguin, Inc. 1964.

Campbell, Joseph. *Myths To Live By.* New York: Viking Penguin, Inc., 1972.

Clowser, Don C. *Dakota Indian Treaties. From Nomad to Reservation.* Don C. Clowser, Deadwood, 1974.

DeMallie, Raymond J. ed. *The Sixth Grandfather: Black Elk's Teachings Given to John G. Neihardt.* Lincoln: University of Nebraska Press, 1984.

Halifax, Joan. *Shaman, The Wounded Healer.* New York: Thames and Hudson Inc. 1982.

Jung, Carl Gustav. *The Archetypes and the Collective Unconscious.* from the Collected Works of C.G. Jung, Volume 9, Part I. Princeton:: Princeton University Press, 1969.

Means, Russell. with Marvin J. Wolf. *Where White Men Fear to Tread, The Autobiography of Russell Means.* New York: St. Martin's Griffin, 1995.

Mooney, James. *The Ghost-Dance Religion and the Sioux Outbreak of 1890.* Smithsonian Institution, Bureau of American Ethnology, Annual Report 14, Pt. 2, 1896.

Neihardt, John G. *Black Elk Speaks: Being the Life Story of a Holy Man of the Oglala Sioux.* New York: William Morrow & Co., 1932.

Neihardt, John G. *When the Tree Flowered: The story of Eagle Voice, a Sioux Indian.* Lincoln: University of Nebraska Press, (New Edition), 1991.

Neihardt, Hilda. *Black Elk and Flaming Rainbow: Personal Memories of the Lakota Holy Man and John Neihardt.* Lincoln: University of Nebraska Press, 1995.

Shields, Kenneth. *Fort Peck Indian Reservation, Montana.* Charleston, S.C.: Arcadia Publishing, 1998.

Shields, Kenneth. *The Little Bighorn, Tiospaye.* Chicago: Arcadia Publishing, 1998.

Sprague, Donovin Arleigh. *Cheyenne River Sioux.* Chicago: Arcadia Publishing, 2003.

Sprague, Donovin Arleigh. *Pine Ridge Reservation.* Chicago: Arcadia Publishing, 2004.

Sprague, Donovin Arleigh. *Standing Rock Sioux.* Chicago: Arcadia Publishing, 2004.

Stampoulos, Linda L. *Visiting the Grand Canyon: Views of Early Tourism.* Chicago: Arcadia Publishing, 2004. Listed as one of Southwest Books of the Year – Best Reading 2004.

Stampoulos, Linda L., and Zanger, Scott L. *Two on a Bridge.* Publication date: Winter 2006.

Walker, James R. *Lakota Belief and Ritual.* Edited by Raymond J. DeMallie and Elaine A. Jahner. Lincoln: University of Nebraska Press, 1980.

Walker, James R. *Lakota Society.* Edited by Raymond J. DeMallie. Lincoln: University of Nebraska Press, 1982.

www.ingramcontent.com/pod-product-compliance
Lightning Source LLC
Chambersburg PA
CBHW041615220426
43671CB00001B/1